Nicolas Lecaussin

LES DONNEURS DE LEÇONS

Pourquoi la France est en vrac !

éditions du
ROCHER

1.

EXPOSÉ DES MOTIFS

Il sait tout. Il se prononce sur tous les sujets, car il les connaît forcément très bien. En tout cas, mieux que les autres... Il a la science infuse, donc il fait la leçon à tout le monde. Pas seulement une leçon de morale, mais aussi une leçon de conduite. Ce moralisateur, c'est d'abord l'homme politique. Il sait mieux que quiconque ce qui est bon pour nous. Il le sait même mieux que nous. Un jour, il nous fait un cours d'économie, un autre de géopolitique, un autre jour, il en vient à nous dicter ce qui se mange et ce qui se boit. Il augmente taxes et impôts, prétextant assurer notre bien-être, sauver la planète, ou les deux à la fois. S'il se trompe, il ne le reconnaîtra jamais. Si ça se passe mal, ce sera la faute des autres. Il trouve toujours des boucs émissaires.

Ce donneur de leçons, c'est aussi le fonctionnaire, qu'il soit agent de maîtrise ou haut placé, qui se sent investi d'une mission quasi divine. Il ne conçoit pas le monde sans un État fort et omnipotent, sans une bureaucratie omniprésente. Il pond des normes, des règles, des taxes et des impôts à un rythme encore plus soutenu qu'une vraie poule pondeuse. Il contrôle contribuables et entreprises alors que lui, il n'a jamais de comptes à rendre. Il se mêle de ce que ne le concerne pas. Il agit dans l'ombre et n'accepte aucun compromis. Tels ces hauts fonctionnaires qui ont le monopole de la réforme des retraites du secteur privé alors qu'ils ne sont même pas concernés – ils bénéficient toujours de leur régime spécial ; tels ces fonctionnaires qui font la chasse aux mauvais contribuables – sans payer le moindre impôt ; tels encore ces fonctionnaires de l'Assemblée nationale qui bénéficient de privilèges colossaux – on croiraient presque qu'ils les ont hérités de l'Ancien Régime.

Ce donneur de leçons, c'est aussi le syndicaliste qui fait son prêche anticapitaliste, tout en préservant au mieux ses privilèges ou en s'en mettant plein les poches. Il est biberonné à l'argent public, tient fonctionnaires et agents du service public. Il fait même peur aux politiques. Il saborde les entreprises et bloque les réformes mais n'en a que faire. S'il garde ses « acquis », il se fiche de la France qui coule.

Ce donneur de leçons, c'est aussi le journaliste qui n'informe pas. Il ne raconte pas le monde tel qu'il est, mais le monde tel qu'il aimerait qu'il soit. Il fait de l'agit-prop. Ce type de « journaliste » préfère l'idéologie à la réalité des faits, le dogme moral à la source fiable. Il a ses ennemis et ses amis. Peu importe comment ils agissent, il ne changera jamais. Lui aussi, il s'y connaît. En tout. Celui qui ne pense pas comme lui, celui-là es suspect. Bien sûr, vous l'aurez deviné, il est surtout de gauche. Il est toujours sûr de lui-même – et « cool » en même temps – car il porte un message, pas une information. C'est le message du Bien, forcément. Celui qui défend les « pauvres » contre les riches. Celui qui protège les « exploités » contre les « exploitants » (même s'il ne sait pas de qui il s'agit). Cet idéologue reste invariablement écolo et anti-Trump. Et, comme de nombreux politiques, il est contre le populisme et aussi le protecteur des victimes – bien souvent imaginaires – du racisme. Attention ! Cela leur confère un collier d'immunité, attribué par le politiquement correct, contre les critiques.

Enfin, il y a le président, Emmanuel Macron en l'occurrence. Il devait incarner un monde nouveau ; il nous offre finalement le même monde. Il nous donne tous les jours des leçons, de tolérance, de paix, de civisme, de solidarité ; il paraît même qu'il suffit de traverser la rue pour trouver un emploi. Il s'occupe de tout, du big data aux taxes sur les colis, en passant par les affaires internationales et les doggy-bags dans les restaurants. Et il c'est lui qui doit montrer l'exemple ! Il est à la tête de l'État ? Il avait l'air d'un premier communiant, lors de sa soirée d'intronisation au Louvre. Son image ? Un peu ternie ensuite par ses accointances avec Alexandre Benalla, qui donnerait plutôt dans le genre voyou ; ou par ce *selfie* où on le voit, sourire béat, serré contre un jeune Antillais au torse nu, huilé, dont le copain brandit un doigt d'honneur. Image un peu brouillée, aussi, par des soupçons de dissimulation de revenus acquis lorsqu'il était banquier d'affaires. Le premier communiant ne serait-il pas aussi pur qu'il en avait l'air ?

Emmanuel Macron a accompli un remarquable exploit : celui de faire descendre les Français dans la rue sans même avoir rien réformé. Le mouvement des gilets jaunes et la violence qui l'accompagne ont rendu le pays encore plus ingouvernable tout en accentuant la cacophonie politique. Dans tout ce beau bazar, comment ne pas exploser de rire en entendant certains affirmer que l'État devrait faire plus et s'occuper réellement des Français ? Car s'il y a bien une chose qui a fait faillite, c'est l'étatisme à la française, ce fameux État-providence, ce modèle social que tout le monde nous envie, mais dont on ne se demande même pas pourquoi personne ne veut le copier. Demander plus, alors que l'OCDE vient de décerner les trois palmes d'or de la gabegie à la France ? Elle n'est rien moins que championne du monde de l'impôt en 2017, championne du monde des dépenses publiques, championne d'Europe des prélèvements obligatoires ! L'État est devenu « ventromnipotent », à la fois gourmand et impuissant. Politiques économiques – emploi, jeunes, ville… – sécurité, ordre public… Pour beaucoup, des échecs que l'on constate, surtout Que les commerçants se barricadent la veille d'une manifestation de gilets jaunes en plein Paris en dit long sur la confiance qu'ils placent dans l'action des hommes politiques et les missions de l'État régalien.

Aux donneurs de leçons, aux manipulateurs de tout poil, il faut opposer des arguments solides, des faits et des chiffres incontestables. Il n'y a pas de place pour l'idéologie. La démonstration doit être claire et riche en exemples. Au lecteur de juger.

2.

TOCQUEVILLE AVAIT RAISON : TOUT ÇA NE DATE PAS D'HIER !

Dans son second livre consacré à *La Démocratie en Amérique*, Tocqueville prédit un glissement des démocraties vers une forme de « despotisme plus étendu et plus doux qui dégraderait les hommes sans les tourmenter » Pour Tocqueville, les gouvernements démocratiques pourraient être dirigés par des « faux tyrans » qui ressembleraient plus à des « tuteurs » qu'à des despotes. Il imagine un système d'oppression qui ferait en sorte que « les hommes – semblables et égaux – tournent sans repos sur eux-mêmes pour se procurer de petits et vulgaires plaisirs… mais sans se voir et sans pouvoir se toucher ». C'est le pouvoir qui « se charge seul d'assurer leur jouissance et de veiller sur leur sort ». Le pouvoir devient le bon berger qui protège de tous les dangers, celui que l'on est trop heureux de suivre, celui qui sait et agit, délivrant ses ouailles de la tache accablante de décider de leur sort. Le berger les aime d'un amour égal, comme elles sont égales entre elles. Elles jouissent d'un bonheur que rien n'atteint ailleurs. C'est du moins ce que le pouvoir leur fait croire, sa survie en dépend : l'égalité n'a de valeur que dans la mesure où on lui échappe.

Cette prophétie de Tocqueville nous semble plus actuelle que jamais. Elle s'est largement accomplie dans certains pays, notamment en France, hélas ! Non seulement le pouvoir y « prend en charge le bonheur du peuple et de la société », mais il impose des règles et des contraintes que lui-même ne respecte pas. Il impose au peuple des sacrifices… dont il profite en grande partie.

Comment la France d'aujourd'hui accomplit-t-elle la prophétie de Tocqueville ? Sous couvert de réformes, le pouvoir renforce l'emprise de l'État sur la société. Sous le parapluie du changement, il perpétue le système des prébendes et des affaires. Il impose au peuple une transparence qu'il refuse pour lui-même. La République, qui devrait être exemplaire, est un club de copains et de profiteurs. Les serviteurs de l'État sont ceux qui se servent les premiers : fonctionnaires aux privilèges cachés, caste des hauts fonctionnaires aux salaires mirobolants, élites coupées des réalités mais toujours promptes à donner des leçons de morale, dirigeants politiques au-dessus des lois. Les exemples sont nombreux, inquiétants et révoltants. En fait, Tocqueville a sous-estimé les dérives du pouvoir.

Promesses de neuf, retour des vieux

Leopoldo Fregoli est un célèbre acteur italien de la fin du XIXe et du début du XXe siècle connu surtout pour ses changements de costumes très rapides. Il avait même réussi l'exploit d'interpréter cent rôles dans le même spectacle ! Il aurait certainement trouvé sa place dans le premier gouvernement concocté par Emmanuel Macron, lui qui semblait plus conçu pour dérouter la droite que pour remettre la France sur de bons rails. On nous avait tant vanté le retour de la société civile qu'on s'attendait à une équipe d'entrepreneurs. À la place, on découvrit de vieux routards de la politique et, pour faire bonne figure, deux ou trois vrais représentants de la société civile dans les ministères importants. Parmi eux, Nicolas Hulot. Pourtant, les sujets écologiques avaient été plutôt absents durant la campagne électorale… Comment pouvait-on espérer faire de vraies réformes libérales avec M. Hulot au gouvernement ?

Comment pouvait-on espérer réformer avec quelqu'un comme François Bayrou, l'antilibéral par excellence et soutien imprévisible de plusieurs candidats à l'élection présidentielle ? Quelqu'un, qui plus est, qui ne représente plus personne dans l'électorat et qui se retrouve à la tête d'un ministère régalien : la Justice ! Comment pouvait-on espérer réformer avec une Marielle de Sarnez qui a commencé sa carrière politique en 1974 sous Valéry Giscard d'Estaing ? Mauvais signe aussi lorsque Jean-Claude Mailly se déclare content de la nomination de Muriel Pénicaud. En effet, elle était dans le cabinet de Martine Aubry lorsque celle-ci occupait le poste de ministre du Travail... Pour l'Éducation nationale, nombreux ont été ceux qui se réjouissaient de la nomination de l'ancien directeur de l'ESSEC, Jean-Michel Blanquer. Une nouvelle certes encourageante, mais il n'était pas un petit nouveau non plus. Il avait déjà passé trois ans, du temps de Sarkozy, dans ce ministère où ont officié d'autres personnalités atypiques telles que Claude Allègre et Luc Ferry. Qui n'ont guère réussi à le « dégraisser ». Quant à Bruno Le Maire, c'est bien le même que les électeurs de droite ont rejeté, le même qui avait cet indigeste programme de plus 1 200 pages. Le même que, lorsqu'il était ministre de l'Agriculture, avait affirmé : « Je n'ai jamais été doué en maths. Je ne sais pas combien font 100x100 ni 1 hectare ». Inquiétant pour ce nouveau ministre de l'Économie. Comment, par ailleurs, ont réagi les millions de Français qui ont voté pour Marine Le Pen et qui voient des politiciens sans votants se retrouver ministres ? Drôle de démocratie... Et aurions-nous des Fregoli pour diriger la France ou des réformateurs ? Aujourd'hui on connaît la réponse.

En 2007, l'ancien président Nicolas Sarkozy avait lancé, dans une France à l'économie terriblement malade, une série de réformes qui s'apparentaient à la fameuse *perestroïka* de Mikhaïl Gorbatchev en URSS entre 1985 et 1991. Selon cette approche, on prétend pouvoir réformer l'économie en essayant de sauver le système. Le problème, c'est que le communisme ne peut pas être réformé. Il faut s'en débarrasser. C'est le même problème pour l'étatisme français. Le pays ne sortira du marasme que grâce aux vrais changements économiques libéraux, d'ailleurs déjà opérés dans d'autres pays. Sarkozy ne l'a donc pas fait, François Hollande encore moins et Emmanuel Macron, fidèle à l'« énarchisme », pense que c'est grâce à l'État que les réformes peuvent être accomplies.

Regardons, pout mieux nous en convaincre, qui fait partie de la « garde rapprochée » de Macron lorsqu'il arrive au pouvoir. Combien sont-ils ? Douze. Ni plus, ni moins. Nous pouvons donc les citer tous, et surtout jeter un œil sur leur parcours professionnel et politique :

- **Alexis Kohler**, secrétaire général de l'Élysée, a été directeur adjoint du cabinet de Pierre Moscovici, et directeur de cabinet d'Emmanuel Macron à Bercy. Lors de ses études à Sciences Po, il militait chez les jeunes rocardiens ;
- **Anne de Bayser**, secrétaire générale adjointe de l'Élysée, a été secrétaire générale adjointe de la mairie de Paris, auprès de Bertrand Delanoë ;
- **Patrick Strzoda**, directeur de cabinet du Président, a été directeur de cabinet de Bernard Cazeneuve au ministère de l'Intérieur, puis à Matignon ;
- **Philippe Étienne**, conseiller diplomatique, a été aux cabinets de Bernard Bosson, Hervé de Charrette et Bernard Kouchner ;
- **Ismaël Émelien**, conseiller spécial, a rejoint l'équipe de Dominique Strauss-Kahn lors des primaires socialistes de 2006, avant d'intégrer la Fondation Jean Jaurès. En 2014, il est devenu conseiller chargé de la stratégie, de la communication et des discours du ministre de l'Économie, Emmanuel Macron. Auparavant, il avait travaillé quelques temps chez Havas, dans l'équipe chargée de la communication de Nicolás Maduro, président du Venezuela après la mort d'Hugo Chávez ;

- **Stéphane Séjourné**, conseiller politique, a travaillé au cabinet de Jean-Paul Huchon, le président PS de la région Ile-de-France, avant d'être conseiller parlementaire d'Emmanuel Macron à Bercy ;
- **Sibeth Ndiaye,** conseillère presse et communication, ancienne militante de l'UNEF, a été nommée secrétaire nationale du PS chargée de la petite enfance en 2009 par Martine Aubry. Elle a travaillé au cabinet de Claude Bartolone au département de Seine-Saint-Denis, au cabinet d'Arnaud Montebourg puis de son remplaçant, Emmanuel Macron ;
- **Sylvain Fort**, conseiller chargé des discours et de la mémoire (sic), a travaillé dans le privé (BNP Paribas, Scor, DGM Conseil, Sia Conseil). Il a collaboré à l'Institut Montaigne et est parfois présenté comme ayant été un conseiller officieux de Laurent Wauquiez ;
- **Bruno Roger-Petit**, porte-parole de la Présidence de la République, journaliste, a été membre du PS et conseiller politique d'Arnaud Montebourg. Il a tenté à plusieurs reprises d'être investi par le PS, notamment pour les élections législatives de 2007 ;
- **Julien Denormandie**, secrétaire d'État auprès du ministre de la Cohésion des territoires, a travaillé aux cabinets de Nicole Bricq et Pierre Moscovici ;

- **Benjamin Griveaux**, porte-parole du Gouvernement, est entré en politique dans le *think tank* « À gauche en Europe », puis s'est fait élire conseiller municipal de Chalon-sur-Saône, vice-président du conseil général de Saône-et-Loire aux côtés du président Arnaud Montebourg. Il est entré en 2012 au bureau national du PS, ainsi qu'au cabinet de Marisol Touraine, au ministère de la Santé ;
- **Christophe Castaner**, délégué général de La République en marche et secrétaire d'État auprès du Premier ministre chargé des Relations avec le Parlement, a été, en 1995, directeur de cabinet de Tony Dreyfus, maire PS du 10e arrondissement de Paris. Il a ensuite intégré les cabinets de Catherine Trautmann, ministre de la Culture, puis celui de Michel Sapin. Il a également été élu avec l'étiquette PS dans les Alpes-de-Haute-Provence comme maire de Forcalquier et député, et au conseil régional de Provence-Alpes-Côte d'Azur.

Si nous résumons, seuls Philippe Etienne (même s'il a travaillé auprès de Bernard Kouchner dans le gouvernement de François Fillon) et Sylvain Fort n'ont pas de liens avérés avec le PS ou des élus socialistes. Les dix autres membres de la garde rapprochée d'Emmanuel Macron sont tous d'anciens socialistes, et beaucoup ont servi sous la présidence de François Hollande.

Comme le soulignait le quotidien *Libération*, en date du 24 février 2017, Emmanuel Macron s'inscrit donc « dans la continuité plus que dans la rupture avec le quinquennat de François Hollande ». Ne pas oublier non plus qu'à l'élection présidentielle, il a obtenu moins de votes que Ségolène Royal en 2007…

Il avait aussi promis 15 ministres maxi. À l'automne 2018, on pouvait en dénombrer 35 ! Quant aux énarques ? Le président de la République : énarque. Le Premier ministre : énarque. Le ministre de l'Économie : énarque. Le Secrétaire général de l'Élysée : énarque. Le directeur de cabinet : énarque. Le nouveau DG des services de l'Élysée : énarque…

Un libéralisme surtout très très tempéré

Après la victoire d'Emmanuel Macron, de nombreuses spéculations ont circulé sur la politique qu'il allait mener. Comme il était encore trop tôt pour savoir quelle majorité il allait obtenir – ni s'il en aurait une – on entendait ici et là des formules comme « libéralisme de gauche » ou « libéralisme d'État », ou cette autre déjà très courue, celle de « libéralisme social ». On parlait aussi de « réformisme social-libéral ». Ces expressions creuses s'appuient sur le principe bien français que le libéralisme doit être tempéré. La peur inculquée par l'Éducation nationale, les syndicats, une partie des médias ou les politiques à l'égard de ce mot font que tout éventuelle citation de celui-ci doit être accompagnée d'un adjectif qui rassure.

Or, le libéralisme sous toutes ces formes n'existe pas. Il y a bien eu des gouvernements de gauche qui ont accompli des réformes libérales sans pour autant faire du « libéralisme de gauche ». L'ancien Premier ministre travailliste Tony Blair a approfondi les réformes libérales commencées par Thatcher. Il ne s'est jamais posé la question de savoir si elles étaient de droite ou de gauche. Il avait d'ailleurs résumé cette gestion dans une excellente formule : « La gestion de l'économie n'est ni de gauche ni de droite. Elle est bonne ou mauvaise. ». En Suède, le socialiste Ingvar Carlsson a privatisé entre 1986 et 1996 des pans entiers de l'économie et ouvert à la concurrence pratiquement tous les services. C'est ce qu'a fait aussi le Premier ministre canadien de centre-gauche, Jean Chrétien. Le gouvernement travailliste de Robert Hawke a déréglementé l'économie australienne plus encore que ne l'a fait Ronald Reagan aux États-Unis. Pareil en Nouvelle-Zélande où un autre travailliste, David Lange, a privatisé pratiquement toutes les entreprises d'État et réduit ou supprimé les subventions aux agriculteurs.

Et que dire de l'ancien chancelier social-démocrate Gerhart Schröder ? Baisse massive des impôts, flexibilité totale du travail dans les petites entreprises, baisse drastique des aides aux chômeurs, etc. S'agit-il de réformes libérales de gauche ou de droite ?

« Toute conception selon laquelle on pourrait ajouter la liberté du dehors à un univers social, comme on verse du madère dans une sauce à la dernière minute avant de servir le rôti, est une illusion », écrivait Jean-François Revel. En effet, affubler le libéralisme d'un adjectif est une vieille habitude de ses adversaires. Elle veut que le libéralisme soit forcément tempéré, car sans garde-fous, il deviendrait dangereux. La peur du marché a été propagée avec beaucoup de succès en France (fameux exemple du renard laissé libre dans un poulailler). Bien entendu, le socialisme n'aurait pas besoin d'être tenu en laisse quoiqu'on ait bien vu les ravages qu'il a faits... Le préjugé anti-libéral n'est rien d'autre que de la méfiance à l'égard du grand méchant marché et de sa capacité à faire croître une économie au profit de tous. Il sert ce besoin irrépressible des hommes politiques et autres hauts fonctionnaires de garder la main sur le pouvoir et de conserver les postes qui les nourrissent. La volonté d'exercer une emprise sur l'économie et sur le fonctionnement de la société fait partie de l'ADN des hommes de pouvoir français et des énarques de l'administration.

On peut dire la même chose de l'antilibéralisme qui rassemble, dans ce pot-pourri idéologique bien français, les représentants de l'extrême gauche et de l'extrême droite, ainsi que les socialistes et autres gaullistes étatistes. Les programmes des candidats à la dernière élection présidentielle ont donné la preuve éclatante que l'antilibéralisme français demeure omniprésent dans la plupart des courants politiques.

Dans *La richesse des nations*, Adam Smith cherchait tout simplement à savoir pourquoi certains pays étaient plus riches que d'autres. Il avait trouvé que le commerce, le libre-échange et les libertés économiques étaient les principales raisons de cet enrichissement. En fait, le libéralisme donne la possibilité aux acteurs économiques et à la société civile d'agir sans contraintes et contrôles inutiles. Il donne de l'air à tous ceux qui veulent entreprendre. « Laissez-nous faire ! » disait le marchand François Legendre à Colbert qui lui demandait comment le roi pourrait aider le commerce. Cette exclamation n'est ni de droite, ni de gauche. Alors que le patient France est très malade, on se demande encore s'il faut lui prescrire des pilules roses ou grises. Donnons-lui les pilules qui vont le guérir.

Le président actuel applique à la France, non pas un « libéralisme de gauche » ni un « libéralisme de droite », ni même un « social-libéralisme », mais une sorte d'étatisme « nouvelle peau » : l'État s'occupe de tout ou presque, même si l'emballage apparaît plus moderne. Emmanuel Macron n'est sûrement pas François Hollande, mais son idéologie n'est pas très éloignée de celle de l'ancien président.

La France est le seul grand pays riche et démocratique qui n'ait pas vraiment réformé son État après la crise de 2008-2009. Les fonctionnaires français restent excessivement nombreux – près de 6 millions – et ont conservé leur statut. Le président Macron a promis la suppression de 120 000 postes – 50 000 pour l'État, 70 000 pour les autres collectivités publiques – sur toute la durée de son mandat. 50 000 fonctionnaires, cela représente un tout petit 2,09 % de l'ensemble des effectifs de la fonction publique d'État (2,393 millions d'agents exactement), soit une réduction annuelle de 0,42 % ! À ce rythme-là, il faudrait 133 ans pour rattraper l'Allemagne et avoir le même nombre de fonctionnaires qu'elle par rapport à la population !

Qui plus est, les dépenses publiques ont continué de grimper et atteignent 1 292 milliards d'euros en 2017, soit 56,5 % du PIB. Elles ont augmenté de 2,5 % l'an passé, ce qui prouve qu'aucun travail sérieux n'a été entrepris sur ce plan. Le déficit de l'État (hors administrations locales et Sécurité sociale) s'élève à 64,3 milliards d'euros, soit 26 % de son budget ! Cela signifie que pendant plus de trois mois, l'État ne couvre pas ses dépenses. Il les reporte sur les générations futures.

En Suisse, 7,5 milliards d'euros d'excédents ont été enregistrés en 2017 ; en Allemagne, 38,4 milliards.

Malgré des prélèvements records et la bonne conjoncture, les déficits publics restent très importants chez nous. C'est l'un des dossiers sur lequel le nouveau gouvernement aurait pu peser directement, pourtant. Certes, le précédent avait largement œuvré à abîmer les comptes, de façon tout à fait scandaleuse. L'autosatisfaction de l'équipe actuelle, se félicitant de repasser (il était temps !) sous la barre des 3 % de déficits publics (2,6 %), frise le ridicule. La France, si mauvaise élève, oublie que cette limite constitue un seuil d'alerte, non un objectif... Dans la même veine, l'équilibre budgétaire, qui devrait être l'exigence prioritaire, est repoussé à la fin du mandat. Tout indique que la France va bientôt faire partie de ce club fermé des pays dont taux d'endettement est supérieur au PIB. Elle rejoindra, entre autres, Chypre, la Belgique ou la Grèce. Le Portugal, lui, devrait faire le chemin inverse.

Notre niveau était comparable à celui de l'Allemagne jusquu'au milieu des années 2000. La dette atteignait alors 67 % du PIB. En 2009, la dette allemande était de 6 points moins élevée qu'en France (73 contre 79 %). En 2017, nous avons presque 30 points d'écart ! Cela prouve qu'il est tout à fait possible de juguler une dette, pourvu que des réformes importantes soient entreprises.

Lors de l'élection d'Emmanuel Macron, le taux de chômage était de 9,5 %, plus de deux fois supérieur à celui du Royaume-Uni ou des États-Unis.

Eurostat a comptabilisé 168 000 chômeurs de moins en février 2018 par rapport à mai 2017, soit une baisse de 5,95 %, comparable à la baisse observée au Royaume-Uni (5,64 %) et dans d'autres pays qui ont profité de la conjoncture mondiale. Cette baisse en France n'a donc rien d'une performance, elle est même largement en deçà de celle que l'on constate en Allemagne (8,03 %), où le chômage est déjà très bas et où il devrait donc être encore plus difficile de le réduire !

Méli-mélo de demi-mesures tous azimuts

Contrairement à ce que l'on a pu dire, le marché du travail n'a pas été libéré par les ordonnances du gouvernement, ce qui explique probablement les faibles protestations des syndicats. Il y avait de quoi espérer, pourtant, une remise à plat totale du Code du travail (3 448 pages dans l'édition 2017) et la mise en place d'un nouveau Code, plus court, plus précis et plus simple. Aucune mesure contre les trente-cinq heures. Rien ou presque pour faciliter le licenciement. Renforcement des branches, mais pas de la liberté contractuelle. Plafonnement des indemnités prud'hommales, certes, mais compensé par la hausse des indemnités de licenciement (25 %, ce qui est beaucoup). Globalement, les entreprises resteront perdantes : les licenciements à l'amiable ou au minimum sont – heureusement – beaucoup plus fréquents que les ruptures devant les tribunaux. Elles peuvent éprouver l'impression de « respirer » un peu plus, ce qui n'est sûrement pas suffisant.

Le CICE (crédit d'impôt pour la compétitivité et l'emploi) est supprimé. Résultat, le bénéfice imposable croît en conséquence, avec surcoût pour les employeurs, non seulement parce qu'ils paieront un plus grand impôt sur les sociétés, mais également parce que la participation des salariés aux résultats – à la charge des entreprises assujetties – va augmenter. Et, pour couronner le tout, les entreprises abusant des contrats courts seront bel et bien taxées en 2019.

La réforme de l'assurance chômage est, évidemment, dangereuse et coûteuse. Son ouverture aux travailleurs indépendants et aux salariés démissionnaires ne trouve aucune justification. Pire, selon les estimations de l'IREF (Institut de recherches économiques et fiscales), elle présenterait un coût astronomique : près de 9 milliards d'euros à terme, si ce n'est plus.

Plusieurs déclarations du ministre de l'Éducation, M. Blanquer, ont pu paraître réjouissantes. Ce qui l'est beaucoup moins, en revanche, c'est l'annonce une hausse du budget du ministère de l'Éducation de 1,2 milliard d'euros, soit 2,5 %. Même souci en ce qui concerne la ministre de l'Enseignement supérieur, Frédérique Vidal, lorsqu'elle prévoit une hausse du budget des Universités de 700 millions d'euros en 2018 ; ce budget avait été, déjà en 2017, augmenté de 750 millions d'euros par rapport à 2016. La réforme du bac manque de clarté et, contrairement à ce que soutiennent ceux qui bloquent les universités, aucune véritable sélection à l'entrée n'a été adoptée. Le besoin s'en fait pourtant vivement sentir.

La charge fiscale supportée par les contribuables français reste l'une des plus lourdes au monde. Malgré tout, le gouvernement d'Édouard Philippe ne semble pas attacher beaucoup d'importance à la question. Au contraire, la fiscalité a été encore plus pesante en 2018 :

onze nouveaux impôts ou taxes ont été créés depuis juin 2017. Si l'on constate beaucoup de mouvement dans ce domaine, avec l'augmentation de la CSG (contribution sociale générale), la transformation de l'ISF (impôt de solidarité sur la fortune) en IFI (impôt sur la fortune immobilière), suppression prévue de la taxe d'habitation pour la grande majorité des contribuables, il n'y a en somme aucun changement du niveau global d'imposition.

Menée en 2017, une étude de la Banque mondiale et de PWC (PricewaterhouseCoopers) a montré que la France taxait les entreprises à 62,2 % de leur chiffre d'affaires, contre 30,7 % outre-Manche et 40,9 % outre-Rhin. La suppression de la taxe d'habitation rendra les collectivités locales encore plus dépendantes de l'État et le prélèvement à la source alourdira la charge des entreprises. Cette dernière réforme, coûteuse et complexe, largement attentatoire à la vie privée est, en outre, susceptible de faciliter de futures hausses d'impôts. Le remboursement de la taxe illégale de 3 % sur les dividendes distribués (avec les intérêts de retard réduits comme par magie de 4,80 % à 2,40 % par an parce qu'ils allaient coûter trop cher à l'État) pèsera, quant à elle, pour plus de 10 milliards d'euros sur nos finances publiques.

Prenons l'exemple concret d'un mécanisme type, celui de la fiscalité sur les carburants, celui qui a déclenché le mouvement des gilets jaunes. On nous explique que les prix des carburants sont composés à près de 60 % de taxes. (Ce qui est déjà énorme.) En réalité, l'essence est taxée à 157 % et le gazole à 130 %. En effet, c'est bien ces taux qu'il faut appliquer au prix HT pour arriver au prix TTC[1]. Si l'on prend en compte les prix HT des carburants, la France se classe à la 13e position pour le prix de l'essence (SP 95) et à la 10e pour le gazole. Des places honorables. En revanche, avec les prix TTC, ceux que l'automobiliste paye à la pompe, la France occupe des places sensiblement différentes dans les classements : 22e pour le SP 95 et 25e pour le gazole. Nos politiques donneurs de leçons, taxer, ça ils savent. S'il s'agit de faire baisser les prix des carburants, ils ne savent plus.

Regardons, par comparaison, ce qui se passe en Amérique. Aux États-Unis, 1 gallon (3,78 litres) de diesel coûte 2,83 dollars, soit 2,50 euros. Ce qui veut dire qu'un litre de diesel coûte 0,66 centimes d'euros. Plus de deux fois moins que le prix du litre en France.

Quelles sont les raisons de cette différence? Les taxes n'expliquent pas tout, même si elles ne représentent

1. Prix HT de l'essence : 0,60; prix TTC : 1,55. Différence : 0,94, c'est-à-dire 157 % du prix HT (mais, par un tour de passe-passe, on le présente par rapport au prix TTC, soit 61 % !).

que 18,4 % par gallon au niveau national américain (auxquelles s'ajoutent souvent aussi les taxes des états).

Il y a quelques années, contrairement à la France, les États-Unis ont choisi d'intensifier l'exploration des champs pétroliers grâce à la fracturation hydraulique et au forage horizontal. La production d'or noir a triplé en moins de 10 ans et augmenté de plus de 20 % rien qu'en 2018. Au début de l'année 2018, les États-Unis avaient déjà dépassé l'Arabie Saoudite et la Russie en termes d'exploitation pétrolière, devenant les premiers producteurs au monde. Dans les années 1970, tout le monde craignait les humeurs des quinze membres de l'OPEP, tandis qu'aujourd'hui, l'Amérique est en train de briser leur domination et de s'en passer complètement. C'est le fruit de l'innovation technologique : Les grandes réserves du bassin permien (Texas et Nouveau Mexique), de l'Alaska et le schiste du Dakota du Nord ont été découverts en grande partie grâce aux drones thermiques. Le forage horizontal, plus respectueux de la terre, a remplacé ou complété le forage vertical. La productivité a augmenté tous les ans, à tel point que, même à 30 dollars le baril, le profit est au rendez-vous !

Nouvel atout, les suppressions des réglementations environnementales, proposées par Donald Trump en 2017, ont largement contribué à cette hausse de production.

Elles ont facilité les investissements dans les régions avec d'importants gisements comme l'Alaska. Contrairement aux prévisions catastrophistes des ayatollahs de l'écologie, les réserves de pétrole ne s'épuisent pas. Elles sont même de plus en plus nombreuses. Ça devrait pourtant être simple de faire confiance à l'innovation et au marché libre, et de dire non aux politiques dogmatiques (en France, même la recherche sur l'exploitation du gaz et du pétrole de schiste est interdite !).

Autre réformette bien de chez nous, le gouvernement annonce qu'il envisage de mettre en place un régime universel, à l'issue de « plusieurs mois de concertation ». Supprimer les régimes spéciaux (fonctionnaires) et très spéciaux (agents publics) ? Une bonne chose, certes, mais les informations sur cette éventuelle réforme sont encore très floues. D'autant plus que les fonctionnaires n'ont pas de caisse de retraite (une scandaleuse anomalie dont bien peu ont conscience), et que les régimes spéciaux sont assurés grâce à l'argent des contribuables. Pour le moment, la seule mesure vraiment concrète est… la hausse de la CSG pour les retraités, justement…

Europe ultralibérale ? Non, plutôt France ultraétatiste !

Macron souhaite « refonder » l'Europe, mais dans une perspective… française. Bien sûr, il espère plus de « convergences » avec l'Allemagne ; il sait très bien que sans ce pays, rien ne peut être fait au niveau européen. Difficile, pourtant, de croire que nos voisins germaniques appliqueront les mêmes règles à leurs entreprises après toutes les réformes qu'ils ont su effectuer au cours des années 2000. Le président français rêve aussi d'un budget communautaire et d'un ministre des Finances européen. Quand on sait à quel point les débats sont houleux au sein de la Commission concernant les budgets nationaux et le non-respect des critères, on imagine mal vingt-sept pays réunis autour d'un même ministre des Finances. Par ailleurs, il faut avoir beaucoup de culot pour faire ce genre de proposition quand on sait que son propre pays vit à crédit depuis… 1974.

Le salut viendra par l'État, voilà le credo qui gouverne la pensée politique française depuis bien longtemps. Emmanuel Macron n'y déroge pas. Réduire la place démesurée de l'appareil étatique dans l'économie française n'est pas sa priorité. On peut sans crainte parier que le volume des prélèvements obligatoires va continuer de croître avec les déficits publics et la dette. Concernant le chômage, rien n'indique qu'une fois passée l'embellie économique mondiale, le reflux se confirme. Après avoir claironné qu'il allait accomplir de très vastes réformes, ce gouvernement n'a opéré que de minimes ajustements. Tout porte à croire que l'élection d'un homme jeune, nouveau et dynamique ne sera encore qu'une occasion ratée.

Pire, Emmanuel Macron a rejoint le chœur des antilibéraux français. De Jean-Luc Mélenchon à Marine le Pen, l'écrasante majorité de nos hommes politiques s'accorde pour désigner le libéralisme comme le parfait coupable, à l'origine de tous nos maux. Le président français s'en est pris sur Europe 1, le 6 novembre dernier, à l'« Europe ultralibérale » et « ouverte à tous les vents », cette Europe « qui ne permet plus aux classes moyennes de bien vivre ». Déjà en mai dernier, lors de la journée de l'Europe, il avait indirectement critiqué l'Union et les vertus du contrôle des dépenses budgétaires.

Emmanuel Macron se trompe. Il y a cette Europe favorable à la concurrence, garante de prix raisonnables, grâce à laquelle nous pouvons voyager en avion pour un coût modique, entre autres. Il y va de l'intérêt du consommateur. Il y a aussi cette Europe favorable à la discipline budgétaire et aux réformes économiques libérales. Il y va de l'intérêt du contribuable. Reste l'Union européenne, et sa kyrielle de réglementations et de subventions. Pour la période 2014-2020, plus de 960 milliards d'euros ont été alloués aux fonds européens pour favoriser la croissance et l'emploi. La part de la Politique agricole commune (PAC) qui revient aux agriculteurs français est de l'ordre de 9,1 milliards d'euros par an. Serait-ce cela, l'Europe « ultralibérale » d'Emmanuel Macron ?

En réalité, c'est plutôt la France qui demeure ultraétatiste. Si les classes moyennes sont écrasées par les impôts et les taxes, ce n'est pas la faute de l'Union européenne. Si les propriétaires français sont les plus taxés du continent, c'est uniquement dû à l'incurie et la démagogie de nos gouvernants. Si nous remportons le trophée européen du nombre de fonctionnaires par habitant, Bruxelles, on en conviendra, n'y est pour rien. Si notre taux de chômage (9,3 %) accuse un retard de 2,5 points avec la moyenne de l'Union européenne (6,8 %), et de 5,9 points avec celui de l'Allemagne (3,4 %), l'Europe « ultralibérale » n'y est pas pour grand-chose. Si le marché du travail français demeure si rigide, la Commission européenne ne saurait en être tenue pour responsable…

N'accablons pas non plus l'Europe au sujet de la fiscalité. Le taux moyen de l'impôt sur les sociétés au sein des pays membres de l'Union européenne est de 22 %, mais il existe de forts écarts : 19 % au Royaume-Uni,

25 % aux Pays-Bas et en Espagne, 33 % (!) en France. En Europe centrale, il varie de 9 % en Hongrie et au Monténégro, à 16 % en Roumanie.

Est-ce à dire que l'Union européenne est parfaite ? Nullement. Mais considérons l'exemple des travailleurs détachés, l'une des cibles favorites des contempteurs de l'ultralibéralisme. Bien sûr qu'il faut appliquer le droit social et faire respecter les lois. Cependant, si un chef d'entreprise français paye pratiquement 100 % de charges sur un salaire net, c'est la moitié pour son équivalent slovaque ou roumain. En ce qui concerne les cotisations patronales sur les salaires, l'écart entre la France et l'Allemagne dépasse 20 points ! Le SMIC français, qui s'applique à ces travailleurs détachés, représente 63 % du salaire médian contre 50 % en Allemagne. Est-ce donc de la faute de l'Union européenne si nos charges sont si élevées et nos salaires si faibles ?

L'ultralibéralisme que, paraît-il, les Français subiraient, ne saute pas non plus aux yeux des contribuables qui financent nos dépenses publiques hors normes (56 % du PIB contre 46 % pour la moyenne des pays membres de l'Union européenne). Est-ce Bruxelles qui est responsable de nos prélèvements obligatoires, eux qui ont, en 2017, ont dépassé la barre symbolique des 1 000 milliards d'euros, soit plus de 45 % du PIB ? 217 milliards d'euros de plus qu'en 2007 ! À mi-mandat de la présidence Macron la dépense publique a encore augmenté de 51 milliards d'euros ! Sous François Hollande, à mi-mandat, elle avait augmenté de « seulement » 37 milliards d'euros. Qui est socialiste ? Qui est ultralibéral ? On pourrait multiplier les exemples.

D'après l'Indice du développement humain[2], un habitant de l'Estonie ou de la Slovaquie bénéficie d'un meilleur niveau de vie qu'un habitant du Qatar. Le PIB par habitant dans l'Europe des 28 demeure quatre fois plus élevé qu'en Chine et en Inde ! Enfin, quatre pays européens font partie des dix pays les plus riches au monde. Depuis 1950 et les débuts de la construction européenne, le PIB de la France est passé, en euros constants, de 13,2 milliards à 2 300 milliards et le PIB par habitant de 4 000 à 39 000 euros. C'est un fait : nous n'avons jamais été aussi riches qu'aujourd'hui et c'est, en très grande partie, grâce à l'Europe.

La chasse aux boucs émissaires est un sport régulièrement pratiqué pas nos décideurs politiques et aussi

2. Indice défini par les Nations Unies. Il mesure le niveau de développement des pays en fonction de l'espérance de vie, le niveau d'instruction, le PIB par habitant.

par de nombreux intellectuels et journalistes. Pour Éric Zemmour, « La fin du communisme a renvoyé le libéralisme dans son camp d'origine, la gauche. Un libéralisme mondialiste, multiculturaliste et libre-échangiste, par haine des frontières et des limites, qui n'est pas le libéralisme à la Raymond Aron ou Tocqueville... » Si le libéralisme est bien l'ennemi du communisme (et du nazisme), il ne s'est pas pour autant retrouvé dans le « camp de la gauche ». Avoir confiance en l'individu, en la société civile, rendre les gens responsables, encourager la concurrence saine et l'État de droit, ne sont pas vraiment des valeurs de gauche. En tout cas, pas de la gauche française. Un libéral est pour la subsidiarité et contre le communautarisme, quel qu'il soit. La nation, chère à Zemmour, n'est pas son ennemie, au contraire. Ce sont bien les peuples et les nations qui ont vaincu les Empires et qui se sont soulevés contre les tyrannies. En sus, il existe bien une droite libérale-conservatrice. Jean-François Revel ne cessait de rappeler que la droite française n'a jamais été libérale. Au pouvoir, elle a tout essayé, y compris des politiques de gauche, sauf les réformes libérales. On a cru un moment à l'illusion sarkozyste – que nous payons encore aujourd'hui – et on pensait que François Fillon allait devenir cet homme politique capable de faire cette révolution au sein d'une droite étatiste. Malheureusement, on se retrouve avec une droite déboussolée et paniquée, incapable de comprendre que la seule manière de récupérer ses électeurs est l'action. Au programme : se réformer, devenir un véritable parti libéral-conservateur, fournir des idées simples et efficaces qui ont fait leurs preuves dans d'autres pays. Démontrer que les problèmes graves et récurrents dont souffre la France ne proviennent pas de la mondialisation, mais de l'omnipotence de son État, du poids de sa fiscalité et des énormes inégalités entre le public et le privé. Convaincre tous ces jeunes qui ont voté Le Pen et Mélenchon (51 % de la tranche d'âge 18-24 ans) que l'assistanat les condamne, et que, malgré les incertitudes, les craintes qu'ils peuvent légitimement ressentir dans cette période très agitée, leur avenir est plus stimulant du côté d'Uber et consorts que dans le giron d'un État-nounou.

Évidemment, la droite française devra trouver de nouvelles figures politiques. Elle devra être en mesure, elle aussi, de proposer des candidats réformateurs sur le modèle de Thatcher, de Reagan ou, plus récemment, de David Cameron ou de Mark Rutte (qui vient de gagner à nouveau les élections aux Pays-Bas). Dans les années 1980, Margaret Thatcher et Ronald Reagan ont profondément transformé leurs pays respectifs en demandant aux électeurs beaucoup de sacrifices. La première a été réélue trois fois de suite, le deuxième a conservé son mandat en 1984, remportant 49 États américains sur 50 ! Plus tard, Tony Blair, candidat de la « gauche » britannique a même approfondi les réformes thatchériennes : il fut, lui aussi, réélu trois fois de suite. Aux Pays-Bas, Ruud Lubbers, Premier ministre chrétien-démocrate, a mis en place de terribles coupes budgétaires, notamment dans le domaine de la santé, de l'éducation et de la protection sociale, ce qui a permis une spectaculaire réduction des déficits publics. Il a aussi privatisé les télécommunications, les postes, les chemins de fer tout en baissant les impôts. Il est resté au pouvoir de 1982 à 1994. Jean Chrétien, le Premier ministre canadien qui a réduit les budgets des ministères de 18 à 30 % et a licencié des dizaines de milliers de fonctionnaires, a gagné trois élections législatives de suite entre 1993 et 2000.

Ils l'ont tous montré : les réformes libérales, ça paie et ça garantit la victoire aux élections. Il n'y a qu'en France que l'on est forcément suspect si l'on est libéral. À chaque fois que nous sommes présentés dans un média, le journaliste animateur précise d'emblée : « l'IREF est un *think tank* libéral ». Présenterait-il celui qui est en face de nous comme un « étatiste », ou un « gauchiste » ? Cela n'arrive pratiquement jamais. L'adjectif libéral avertit le public. Attention ! Même s'il a raison, il reste un libéral. Il est contre l'État, contre les fonctionnaires, il est pour moins d'impôts et moins de dépenses publiques. Comme si le fait d'être libéral annonçait des prises de position figées dans l'idéologie et des arguments forcément biaisés pour les justifier. Toutes choses considérées avec réprobation par les anti-libéraux, contre lesquels les auditeurs et téléspectateurs ne sont jamais prévenus. Ça ne se fait pas, dans l'entre-soi médiatique.

Jean Ziegler, gauchiste négationniste par excellence, a sorti un livre intitulé *Le capitalisme expliqué à ma petite-fille (en espérant qu'en elle en verra la fin)* (Seuil, 2018) qui s'est retrouvé parmi les meilleures ventes dans le classement de *l'Express*. Titre inquiétant, qui sous-entend que l'auteur espère la fin du capitalisme pour l'avènement… de quoi ? Du communisme ! Les dizaines de millions de morts ne suffisent peut-être pas ? M. Ziegler est sûrement victime d'un infarctus idéologique. On pourrait appliquer au capitalisme la boutade de Churchill sur la démocratie : le pire régime à l'exception de tous les autres. Un système qui a sorti le monde de la pauvreté. Au moment où l'ancien haut fonctionnaire altermondialiste publie son livre, la Banque mondiale annonce (septembre 2018) que le pourcentage de personnes vivant dans l'extrême pauvreté est tombé au niveau sans précédent de 10 % en 2015 et qu'il a été de 8,6 % en 2018 contre 36 % en 1990.

Le nombre de personnes vivant avec moins de 1,90 dollar par jour s'établissait à 736 millions en 2015. Entre 1990 et 2015, leur nombre en pourcentage de la population mondiale a chuté d'un point par an en moyenne. 1990, ne serait-ce pas, par hasard, l'année où le socialisme s'est écroulé un peu partout dans le monde ? M. Ziegler devrait savoir que la fin du capitalisme signifierait le retour de la misère.

Comme l'antiaméricanisme, on le verra plus loin, l'antilibéralisme ne fait que masquer notre incapacité à affronter nos problèmes. Certes, l'Union européenne doit s'améliorer. Puisse-t-elle retrouver ses missions originelles – la défense du libre-échange et de la libre-circulation – tout en se débureaucratisant ! Mais si Emmanuel Macron veut changer l'Europe, il faudra d'abord qu'il change la France. Heureusement qu'ailleurs, on veille à ce que la première ne prenne pas le même chemin que la seconde. En juin 2018, un appel de 154 économistes allemands contre la réforme proposée par la France est passé inaperçu dans notre pays. Ces fins connaisseurs des lois du marché mettaient en garde contre une Europe dirigée par un ministre européen des Finances et par la BCE. Ce qu'il faudrait ? Des réformes structurelles dans tous les États, la responsabilité et la concurrence fiscale.

Quand le professeur Macron tente d'exporter ses méthodes

Mais les ambitions d'Emmanuel Macron ne s'arrêtent pas à l'Europe. Il veut changer aussi le monde ! Rien de moins ? Cocasse de voir le président d'un pays au taux de chômage au moins deux fois plus élevé que celui des autres grands pays riches et démocratiques donner des leçons d'économie et proposer un « nouveau contrat mondial ». Pourtant, c'est ce qui s'est passé au Forum de Davos de janvier 2018. L'utilité de cette intervention reste d'ailleurs encore à démontrer. Difficile de croire que quiconque doté du moindre bon sens souhaiterait troquer un système qui marche contre un autre où l'État phagocyte 57 % de la richesse nationale, où les dépenses sociales représentent 32 % du PIB (contre 20 % en moyenne dans les pays de l'OCDE) et où le nombre de fonctionnaires dépasse toujours largement le leur. La croissance économique française est même en dessous de la moyenne de celle de la zone euro, mais le président Macron n'en a cure. C'est en redresseur de torts qu'il a fait l'éloge de l'interventionnisme d'État.

Que faut-il comprendre lorsqu'il parle d'harmonisation fiscale internationale et de nouvelles réglementations ? Qu'il souhaite exporter le modèle français ? Cela revient à dire qu'il ne le réformera pas. De toute façon, qui en voudrait ? « France is back », mais y a-t-il quelqu'un pour l'accueillir ?

À Davos, c'est le discours du Premier ministre indien, Narendra Modi, qu'il fallait surtout écouter. Bizarrement, les journalistes tiers-mondistes et donneurs de leçons ont fait mine de ne pas le remarquer. Et pour cause. Modi a fait l'éloge du libre-échange commercial, pourfendant « les forces du protectionnisme qui relèvent la tête ». Modi a très bien compris que la meilleure chose pour son pays était le libéralisme économique. Avec des règles et plus de libertés. Moins les Etats interviendront dans les échanges, mieux les peuples se porteront.

En matière de politique sociale, Modi ne souhaite qu'aucun programme ne soit gratuit, que même les plus modestes cotisent pour accéder à une assurance accident ou à une retraite. L'inverse de ce que fait Macron, qui exonère les salariés de cotisations chômage ou maladie !

Le vrai discours de vérité, à Davos, c'était bien celui du Premier ministre indien et c'est Macron qui devrait en tirer la leçon.

Le 25 septembre dernier, lorsque le président des États-Unis a affirmé que son administration a fait plus, en moins de deux ans, que n'importe quelle autre administration dans le passé, une partie de ceux qui étaient présents dans la salle de l'Assemblée générale de l'ONU a éclaté de rire. On peut ne pas être complètement d'accord avec ce qu'a dit Trump (même si plusieurs indicateurs économiques et boursiers vont plutôt dans son sens) mais il est difficile d'adhérer au sens de l'humour manifesté par ces membres de l'ONU. Les propos de Macron étaient, si l'on en croit les médias, beaucoup plus consensuels, mais d'aucuns y auront peut-être trouvé plus de raisons de plaisanter : le discours « bisounours » d'un président qui a « l'universalisme chevillé au corps » et croit à une « troisième voie » basée sur la « responsabilité de la paix ». Embrassons-nous, vive l'ONU et tout ira très bien dans le meilleur des mondes possibles. Enfin presque. Car il y a des couacs. L'ONU a par exemple condamné la France pour avoir verbalisé deux femmes qui portaient le voile intégral. Réuni au sein du Comité des droits de l'homme, un groupe d'experts a estimé que « l'interdiction du niqab violait la liberté de religion et les droits humains » de ces deux musulmanes et a demandé à Paris de « compenser » le tort fait aux plaignantes et « surtout » de réviser sa loi. Ce qui signifierait que la loi française devrait se plier aux diktats de la religion, comme dans de nombreux pays musulmans. Acceptable, professeur Macron ? Cela ne devrait d'ailleurs pas nous étonner outre mesure. Parmi les membres de ce Comité des droits de l'homme figurent la Chine, le Venezuela, l'Egypte, le Pakistan et... l'Arabie Saoudite. L'un de ses anciens présidents a même été le colonel Kadhafi... Et le Comité avait imposé une minute de silence lors de la mort de l'ancien dictateur Fidel Castro. Faut-il en rire ou en pleurer ?

Ne tirons pas encore le rideau : la République islamique d'Iran fait partie du Comité exécutif de l'agence de l'ONU en charge de l'égalité entre les hommes et les femmes ! La dictature des mollahs est classée par le Forum économique mondial à la 140e place sur 144 nations en ce qui concerne les droits des femmes. Qui est le rapporteur spécial du Comité spécial de l'ONU sur la décolonisation ? La Syrie. Et dans le bureau exécutif figurent l'Indonésie, la Sierra Leone et Cuba, des pays, comme chacun sait, très respectueux des droits de l'homme.

Dans une enquête intitulée *ONU : la grande imposture* (Albin Michel, 2017), la journaliste Pauline Liétar cite un des hauts fonctionnaires de l'ONU qui soutient que l'on pourrait aisément économiser environ 30 % de la masse salariale de cet organisme. Sur 5,5 milliards de dollars de budget régulier par an et 7,8 milliards pour les opérations de maintien de la paix dans le monde, il y aurait sûrement des économies à faire. Peut-être pas pour ce qui est du nombre de fonctionnaires qui y travaillent : 40 000, moins que pour la mairie de Paris (54 000), mais pour ce qui est du rôle des commissions et comités, véritables « machins » très nuisibles.

Macron est, bien entendu, à la tête du combat contre le changement climatique. Il incarne l'indignation générale lors de l'annonce faite par Trump à propos du retrait des États-Unis de l'Accord de Paris. Condamnation unanime, aucune voix discordante dans les grands médias ni même sur les réseaux sociaux (sauf, peut-être, certains milieux libéraux). Démonstration que, même sur la Toile, de nombreux sujets sont de véritables tabous. De toute façon, Trump est, depuis son élection, et quelles que soient ses décisions, la cible prioritaire des bien-pensants et autres thuriféraires du politiquement correct (on aura l'occasion d'y revenir). À son sujet, l'opinion sans appel a remplacé l'information. Quoi qu'il fasse, c'est mauvais. La preuve, c'est lui qui le fait. Pourtant, une simple et rapide analyse des faits montre que Trump a des raisons d'abandonner ces accords, raisons qu'on ne peut pas balayer d'un revers de main médiatique.

Pour commencer, comme le feu Accord de Kyoto, l'Accord de Paris est une sorte de banquet écolo-étatique auquel s'inscrivent pratiquement tous les chefs d'État pour des raisons électoralistes ou idéologiques. Dans une étude de l'IREF, le chercheur Francesco Ramella fait le point sur les recherches consacrées au changement climatique. Il et montre que les scientifiques apportent des conclusions nuancées sur le sujet, qu'elles ne sont pas toutes catastrophistes et que, de plus en plus, les conséquences négatives du changement climatique paraissent devoir être tempérées. Ce qui pose la question des sommes faramineuses qu'il serait nécessaire d'investir pour une baisse des températures aléatoire est peut-être ridicule : plusieurs milliers de milliards de dollars d'ici à 2100 pour un objectif de baisse des températures estimée à 0,5 °C.

Qui plus est, l'effort le plus important devrait être assuré par les États-Unis en particulier car les grands pays avec les plus fortes émissions de CO2 que sont la Chine et l'Inde voient leur consommation de charbon augmenter tous les ans. Sur 195 pays signataires, la Chine, l'Inde et les pays industrialisés rejettent annuellement 63 % du total des émissions de CO2. Et, comble du comble, le pays qui a le plus baissé les émissions de CO2 depuis les années 1990 est… l'Oncle Sam grâce à l'innovation et à l'extraction de pétrole et gaz de schiste : une baisse substantielle de 5 700 millions de tonnes en 2003 à 5 200 en 2014. Sur la même période, les émissions de CO2 de la Chine sont passées de 5 900 à 10 300 millions de tonnes !

Les Européens ont la mémoire courte lorsqu'ils s'en prennent au Satan américain et donnent des leçons de morale au monde entier. Pourtant, les constructeurs d'automobiles européens (allemands et français) ont bel et bien truqué les tests de pollution et il a fallu attendre les organismes américains révéler la fraude!

Cette mascarade écologiste demeure aussi grotesque qu'inutile. La transition écologique forcée est un désastre en Allemagne. Elle a déjà coûté quelque 150 milliards d'euros entre 2000 et 2015 (selon les estimations de l'Institut de l'économie de la concurrence rattaché à l'université de Düsseldorf) et coûtera environ 370 milliards d'euros entre 2015 et 2025! De façon imagée, cet effort représentera pour une famille de quatre membres une somme totale de 25 000 euros sur dix ans. Bien loin de ce qu'avait promis Jürgen Trittin (ancien ministre fédéral de l'Environnement sous le chancelier Schröder, attaché à mettre en œuvre la sortie du nucléaire civil), à savoir que le développement des énergies renouvelables ne coûterait à une famille, pas plus qu'« une boule de glace ». Trump a donc raison de dire que le contribuable sera la grande victime de l'écologisme.

Parallèlement, la facture énergétique a augmenté aussi. Un KWh coûte 35 centimes d'euros en Allemagne, 26 en Europe (en moyenne) et seulement 12 aux États-Unis.

Comme l'énergie renouvelable ne couvre qu'une partie de ses besoins énergétiques (environ 29 %), l'Allemagne a été contrainte d'augmenter sa consommation de charbon : les importations de sont passées d'environ 35 000 Kt en 2009 à 50 587 Kt en 2013. Cette énergie représente aujourd'hui 17 % de la production énergétique (et la lignite, 23 %) contre 6 % au début des années 2000. Or, chacun sait que le charbon est la source principale de pollution !

La réaction d'Emmanuel Macron à la décision du président Trump montre bien qu'il n'est pas très éloigné de son prédécesseur, M. Hollande, le metteur en scène des Accords de Paris. La France a d'autres problèmes plus urgents et plus importants à régler : réformer l'État et l'économie. On aurait aimé que M. Macron montre ses muscles face aux syndicats, ou avec ceux qui occupaient la ZAD de Notre-Dame des Landes.

Dans son ouvrage, *La grande mascarade* (L'Artilleur, 2017), le journaliste essayiste Ivan Rioufol nous avait tous mis en garde. Dès l'introduction, il en fait l'aveu : « Je suis "out". Je ne suis pas macronien ». Bienvenu au club... très restreint ! Car le « macronisme » est le nouvel opium de nombreux intellectuels et journalistes. Rioufol a senti la tromperie sur marchandise dès le début de l'année 2017 et l'a écrit : la « société moderne et humaniste que Macron prétend incarner n'est pas viable. Elle n'est ni novatrice, ni humaine. Le printemps macronien est hivernal. » Lucide, il a montré que l'énarque Macron est bien l'homme du système protégé par les médias. En février 2017, dans un de ses *Bloc-notes* intitulé « Le danger Macron », il décrit ce personnage politique promoteur du « néoprogressisme » dont le programme est vide. Profitant de l'affaire Fillon, d'un système politique déglingué et d'une abstention aux élections qui a battu des records, Macron s'est érigé en homme providentiel. Il est devenu « l'enfant gâté d'une France malade », le Jupiter aux pouvoirs surnaturels. Le ballon commence néanmoins à se dégonfler. On retrouve chez le nouveau président les mêmes clichés idéologiques présentés différemment grâce à l'artifice de la « théâtrocratie ». La « macroctature » fait croire à des changements qui n'en sont pas, à des réformes « libérales » qui n'ont rien à voir avec le libéralisme et à un avenir qui – sauf miracle – ressemblera beaucoup au passé. Macron avait insufflé au PS, qui était resté le seul en Europe à ne pas avoir abandonné ses idées marxisantes, un peu de vitalité nouvelle. Il a échoué cependant à le transformer en un vrai mouvement politique réformateur.

En matière de « dumping social », les réflexes socialistes du président reviennent au galop. De gauche ou de droite, tous les chefs d'État et gouvernements français ont clamé haut et fort leur désir de le combattre, en particulier à cause des travailleurs immigrés, en provenance de l'est de l'Europe notamment. Même le « libéral » Emmanuel Macron a décidé de s'attaquer à ce problème. Il a donc effectué des visites en Autriche, en Roumanie et en Bulgarie, souhaitant aborder la directive concernant les « travailleurs détachés » en particulier. Datant de 1996, le détachement permet à une entreprise de l'UE d'envoyer temporairement ses salariés en mission dans d'autres pays de l'Union, l'entreprise d'accueil payant les cotisations sociales dans le pays d'origine. Ce système est accusé d'encourager le « dumping social ». Position injustifiée. Il n'y a aucune raison d'obliger un patron qui envoie, pour une durée déterminée, des employés travailler dans un autre pays pour le compte de son entreprise, à se soumettre au droit du travail du pays d'accueil. Il faut respecter un minimum de règles – ce que prévoit la directive européenne. Mais payer les mêmes charges et impôts constituerait une injustice dès lors que ces employés retournent ensuite dans leur pays où ils sont pris en charge en matière de santé et de retraite. L'entreprise n'est pas délocalisée, elle effectue des missions de courte durée dans un autre pays membre de l'UE au nom de la libre-circulation et du libre-échange.

Accuser les autres de quoi que ce soit a souvent été, pour nos gouvernants, prétexte à ne pas réformer notre propre marché du travail. Avant de dénoncer un prétendu « dumping social » européen, il y aurait un beau ménage à faire du côté des fonctionnaires « détachés » au service des syndicats ! Nous y reviendrons plus loin dans cet ouvrage, mais rappelons déjà à nos lecteurs qu'il s'agit des « mises à disposition » dont profitent les syndicats français pour employer des fonctionnaires. Un peu plus de 40 000 d'entre eux, selon les estimations, sont donc payés par leur administration mais travaillent pour le compte d'une organisation syndicale, bénéfice qui s'ajoute évidemment aux subventions publiques directes. Pratique inadmissible, financée par l'argent des contribuables. Une nouvelle fois, comment peut-on demander à d'autres pays de changer leur marché du travail ou leur politique sociale, si l'on n'est pas capable de le faire chez soi ?

Tous contre Trump !

Dans un éditorial publié en 2016, avant le changement à la Maison Blanche, l'économiste Paul Krugman, prix Nobel d'économie, écrivait : « Si Trump est élu, l'économie américaine va s'écrouler et les marchés financiers ne vont jamais s'en remettre ». Trois ans après sa prise réelle de fonction, le président de la première puissance mondiale est à la tête d'un pays en pleine effervescence économique. Il faut dire que l'obtention du Nobel ne fait pas le prophète. Un autre Nobel d'économie, Paul Samuelson, soutenait en 1962 que l'URSS allait rattraper le niveau de production des États-Unis avant la fin du XXe siècle. En 1989, il déclarait encore : « L'économie soviétique est une preuve que, contrairement à ce que beaucoup de sceptiques pensent, une économie socialiste peut fonctionner et même prospérer. C'est-à-dire qu'une société dans laquelle la majorité des décisions économiques sont adoptées de manière administrative, où les bénéfices ne sont pas le motif principal de la production, peut croître durant de longues périodes de temps. » Quelques mois après, cette économie s'écroulait.

Allez donc faire un tour dans une grande librairie. Regardez les livres consacrés à Donald Trump et à sa présidence. Si vous en trouvez un qui soit élogieux, vous avez décroché le gros lot ! Vous verrez surtout des ouvrages au contenu critique, voire insultant. Une récente parution traite même des « psychopathes qui nous gouvernent ». Sur la couverture, les portraits de plusieurs personnages, tous plus sanguinaires les uns que les autres (Bachar al-Assad, Kim Jong-Un...). Et celui de... de Trump. Le président élu des États-Unis. Homme qui, jusqu'à preuve du contraire, ne gaze pas son propre peuple, ne l'affame pas, n'exécute ni opposants ni journalistes, n'a ouvert ni camp de concentration ni camp de travail forcé, et qui dirige un pays dont l'économie est dynamique ! Couverture symptomatique. Attaquer Trump est, en France, un sport national très pratiqué ; obsessionnel, même, pour reprendre le titre du célèbre livre de Jean-François Revel qui traite de l'antiaméricanisme. Il y a, bien entendu, de quoi le critiquer, mais avec des arguments rationnels et basés sur des faits. Cette campagne exacerbée contre un président considéré comme « fou » ou « psychopathe » s'appuie-t-elle sur des analyses concrètes et réelles ? Elle semble plutôt révéler, une fois de plus, l'ignorance et l'inconséquence des idéologues de service !

On a vite oublié. Donald Trump a remporté la primaire – face à onze (onze !) candidats – du Parti républicain à la surprise générale. Il ne sortait pas du « système ». C'est un entrepreneur, un vrai homme d'affaires. Il a gagné face aux vieux briscards de la politique, ce qui montrait déjà une envie de renouvellement au sein même des Républicains. Ensuite, contre toute attente, il a été élu président des États-Unis alors que tout le monde (les médias et la majorité des instituts de sondages) prédisait la victoire de Hillary Clinton. Élu avec une marge assez convenable (il faut 270 électeurs, il en a obtenu 303), par plus de 63 millions d'Américains qui voulaient un changement à la Maison Blanche, autant dans la forme que sur le fond.

C'est ce à quoi allait s'attaquer le président Trump. Pour communiquer, il choisit de twitter. À sa manière : agressive, voire vulgaire. Il est vrai qu'il gagnerait certainement beaucoup en soignant un peu son style. Mais enfin, cela lui évite les conférences de presse devant les représentants des médias qui lui sont par défaut hostiles. D'ailleurs, à peine entré en fonction, il subit de nombreuses attaques qui se révéleront infondées. Plusieurs journalistes, dont un prix Pulitzer, ont même été licenciés ou obligés de démissionner pour avoir proféré de fausses accusations.

Malgré ces « procès » que les médias mettent en scène avec une perversité d'inquisiteurs, Trump reste cohérent dans sa politique. Il fait ce qu'il avait promis de faire.

Sur le plan économique, il provoque une véritable révolution fiscale, après celle de Reagan au début des années 1980. Parmi les mesures prises, il faut noter la baisse importante du taux de l'impôt sur les sociétés, de 35 % à 21 %, pour toutes les entreprises. Elle est accompagnée par la suppression de plusieurs crédits d'impôt et déductions fiscales, afin de simplifier le calcul de l'imposition due par les entreprises. Les tranches de l'impôt sur le revenu sont réduites afin de le rendre plus simple et plus lisible. Les taux applicables passent de 7 % à 12 %, 25 %, 35 % et 39,6 %. Trump supprime aussi la taxation des investissements commerciaux et des dizaines de niches fiscales. Au total, 1 500 milliards de dollars imposés en moins !

Parallèlement, il lance un vaste programme de suppression de réglementations, surtout dans le domaine environnemental. Il a signé davantage de lois à ce sujet que l'ensemble des trois derniers présidents américains, depuis que la pratique a été instituée par le *Congressionnal Review Act* en 1999. Entre janvier et fin décembre 2017, il a réduit de moitié le Code des réglementations : 45 000 pages supprimées ! Plus de 1 500 réglementations très importantes mais non indispensables ont disparu, beaucoup dans le domaine de l'environnement. Faisant fi des protestations, il a libéré le secteur internet soumis à des contraintes anachroniques. Le *Congressional Review Act* a abrogé 16 grandes réglementations imposées par Obama dans le domaine numérique et environnemental. Dans la même loi, plusieurs mesures abolissent l'interdiction de forer en Alaska. À l'heure actuelle, Trump a ouvert toutes les possibilités d'exploitation sur le continent américain, ce qui fait déjà du pays l'un des principaux exportateurs de matières premières.

Vous avez dit fou ? On aimerait bien avoir, ici, en France, un réformateur aussi fou…

Trump dérange, lui, l'ennemi du politiquement correct, qui s'est toujours méfié des idéologues (c'est le même phénomène que subit Bolsonaro, le nouveau président du Brésil). On s'en est pris à lui parce qu'il veut empêcher l'immigration illégale en provenance du Mexique. Dans le même temps, il demande à ce pays de combattre la drogue et la corruption qui le rongent et de réformer son économie pour ne plus dépendre des aides. Quoi de plus sensé ? Quelles protestations n'a-t-on pas entendues, d'ailleurs, à propos de la construction d'un mur le long de la frontière avec le Mexique ! Le but était d'empêcher cette immigration illégale et, avant tout, de mettre fin au commerce de la drogue. Les accusateurs sont aussi des ignorants : d'une part il existe déjà un mur (une clôture) d'une longueur de 652 miles (1 049 km) entre les deux pays ; d'autre part, les expulsions d'immigrés clandestins ont baissé de 6 % durant la première année de la présidence Trump par rapport à la dernière année de la présidence Obama.

Quel émoi, encore, lorsqu'il a fait déménager l'ambassade américaine de Tel Aviv à Jérusalem ! Une promesse faite par tous les autres anciens présidents américains – y compris Obama – mais que seul Trump a respectée !

C'est certain, Trump n'est pas un « progressiste », dans le sens idéologiquement correct du terme : son administration a annoncé la fin des politiques basée sur la « discrimination positive » (« *affirmative action* ») qui sont à l'origine de nombreux dégâts et échecs dans les universités américaines.

Trump a également eu le courage de dénoncer les objectifs irréalisables de la COP 21, affirmant que les engagements pris par les membres sont contraires aux intérêts économiques des États-Unis et ne seront de toute façon jamais respectés par ceux-là même qui les ont signé. On a appris depuis que seuls, le Maroc et la Gambie pourront tenir le calendrier imposer par la COP 21 !

Aujourd'hui (septembre 2018), l'économie américaine, celle de « Trump le fou », est euphorique. Le taux de croissance atteint 4,2 % (voire 4,7 % selon certains analystes) en rythme annuel. C'est la première fois en 100 ans que le taux de croissance est plus élevé que celui du chômage (3.9 %). Ce dernier est descendu à un niveau jamais vu depuis 50 ans. Le chômage chez les minorités noires et latinos n'a jamais été aussi bas.

Sur le terrain, il n'est donc pas si mauvais, Trump le « raciste » ! Celui qui a été élu, selon Hillary Clinton, par des « gens déplorables, racistes, sexistes, homophobes, xénophobes, islamophobes… » (Discours à New York, septembre 2016). Depuis janvier 2017, 3,6 millions d'emplois ont été créés en Amérique, le salaire moyen augmente, la Bourse est en hausse de 50 %. Environ 38 % des entreprises américaines rencontrent des difficultés de recrutement. Cette proportion n'a jamais été aussi élevée par le passé. Ceux qui soutiennent qu'il serait fou, ne sont-ce pas les mêmes qui prédisaient l'apocalypse économique en Amérique après sa victoire en 2016 ?

Et contrairement à ce que certains affirment, ces résultats impressionnants ne doivent rien à l'ancien président Obama. Même si l'économie était rétablie et se portait tout à fait correctement, en 2016 la croissance américaine était en baisse (1,6 % en 2016). Seuls 32 % des Américains considéraient alors que leur économie se portait bien. Aujourd'hui, ils sont 62 %. La réforme fiscale et les déréglementations ont complètement bouleversé son fonctionnement. Dire que la bonne situation actuelle est due à Obama, c'est faire preuve d'une terrible mauvaise foi. Si les États-Unis se portaient mal, nul doute alors que ce serait Trump qui porterait le chapeau.

Il ne s'agit pas de défendre Trump aveuglément, de le soutenir aussi aveuglément que d'autres le pourfendent. Il reste un personnage totalement atypique, fruste, provocateur et imprévisible. Il s'agit simplement d'examiner son action de manière impartiale, en se nourrissant des faits et non des hormones. Souvenons-nous, Reagan présenté comme un « cow-boy de série B », n'en a pas moins redressé l'Amérique. Et a par-dessus tout gagné la bataille contre le totalitarisme communiste.

S'en tenir au spectacle et affirmer que Trump est un « fou », c'est plus facile et plus rapide que de fournir l'effort intellectuel requis par le désir de s'informer objectivement. Le traiter de psychopathe relève d'une animosité et d'un emportement irrationnels. À tel point que l'on peut se demander qui est le plus atteint, de l'accusateur ou de l'accusé…

À la veille des élections de mi-mandat aux États-Unis, en novembre 2018, notre ministre de l'Économie, Bruno Le Maire, affirmait qu'il n'aimait pas le modèle américain pour résoudre le chômage français. Ah oui ? Au même moment, tous les indicateurs célébraient une économie américaine en parfaite santé. Jugeons-en par les chiffres de l'emploi (fin octobre 2018) : plus de 250 000 emplois créés au mois de septembre, soit plus que prévu par les analystes ; taux de chômage à 3,7 %, taux inédit depuis 49 ans et qui équivaut pratiquement au plein emploi ; salaire horaire moyen en hausse de 3,1 % par rapport à la même époque de l'année précédente, plus forte hausse depuis 2009 ; augmentation de 5 cents du salaire horaire moyen dans le privé en octobre, se situant désormais à 27,30 dollars (en France, il est de 18 euros brut).

Les bas salaires sont les grands gagnants de cette extraordinaire embellie sur le marché de l'emploi, avec une augmentation de 3.8 % en moyenne en un an ; et cela va probablement continuer, car les chefs d'entreprise ont de plus en plus de mal à trouver de la main d'œuvre. Certains, comme Amazon, Wal Mart ou Starbucks, ont fortement rehaussé le salaire horaire minimum qui peut même dépasser les 15 dollars de l'heure (en France, le SMIC horaire est de 9,88 euros brut).

Depuis janvier 2017, près de 4,5 millions d'emplois ont été créés en Amérique. Le taux d'emploi est de 63 % et continue d'augmenter. Les branches les plus dynamiques vers la fin de l'année ont été, dans l'ordre, celle des loisirs (42 000 emplois créés), de la santé (35 000) et le secteur manufacturier (32 000).

Tout cela a été possible grâce à d'importantes réformes, en particulier celles qui ont permis la baisse des impôts, que ce soit pour les entreprises (l'impôt sur les sociétés est passé de 36 à 21 %, soit 15 points de moins) ou les particuliers, aux nombreuses suppressions de normes et aux déréglementations déjà évoquées aussi, celles qui ont libéré les entreprises de diverses contraintes inutiles. Et c'est une incontestable confirmation de la théorie libérale, selon laquelle la seule manière d'encourager l'emploi, c'est de lâcher les freins qui retiennent les entrepreneurs : la fiscalité et les réglementations.

Par ailleurs, le Sénat a confirmé la nomination de 84 nouveaux juges dont deux à la Cour suprême. La pénalité pour ceux qui refusent de souscrire à une assurance, introduite par Obama, a été supprimée mais malheureusement, l'Obamacare n'a pas été intégralement réformée. De même, beaucoup reste à faire afin de baisser les dépenses publiques et le déficit, même si on attend de la croissance, qui dépasse les 3 % en 2018, un impact positif dans ce domaine. Le nouveau monde n'est-il pas plutôt celui de Trump, malgré ses défauts ?

3.

L'INDÉCENCE DE CES ÉLITES : ENTRE HYPOCRISIE ET INCONSCIENCE

Ils sont au pouvoir et s'occupent de tout. Ils savent mieux que personne ce que veut le peuple. Les élites qui nous dirigent exploitent l'État et l'argent public pour nous faire croire qu'ils veulent notre bien, tromperie dénoncée dans un essai implacable : *Pathology of the Elites* (Editions Ivan R Dee, Inc, 2010). L'auteur, Michael Knox Beran, est un essayiste renommé qui écrit régulièrement dans le *City Journal*, le magazine édité par le Manhattan Institute, ainsi que dans le *Wall Street Journal* ou la *National Review*. C'est un conservateur cultivé qui réfute toute forme d'idéologie. Il affirme que ceux qui nous dirigent constituent simplement une élite avide de pouvoir. Elle ne nous considère pas comme des individus mais comme une masse, un groupe social à conduire. Elle ne voit que son propre intérêt : profiter et se faire réélire. Pour cela, elle doit nous satisfaire. Peu importe si c'est bien ou non. Ces dirigeants font preuve de compassion à notre égard et accusent des boucs émissaires (les riches, le libéralisme, la mondialisation, les Chinois, les marché financiers, les banquiers, etc.) d'être à l'origine de nos difficultés. Ils n'ont aucun mal à le faire, car ils parviennent à manipuler une grande partie des médias. Ils colonisent les plateaux de télévision et ressassent le même discours. Ces élites ont remplacé nos parents et nos grands-parents. De toute façon, ils nous prendront en charge mieux que ne l'auraient fait nos familles. Et ils nous font comprendre clairement qu'ils sont notre vraie famille.

Commençons par les pires. Ceux qui nient non seulement la réalité, mais qui se nourissent même d'un négationnisme historique. Pour en parler, permettez-moi une approche un peu plus personnelle. Si Lénine ressuscitait aujourd'hui, 100 ans après la « révolution d'Octobre », il choisirait à coup sûr la France comme le terreau le plus propice à la prise du pouvoir. Plus de 25 ans après la chute du communisme, je suis en train de vivre une expérience que je n'aurais jamais pensé retrouver : mon pays de cœur et d'adoption manifeste encore aujourd'hui cette sympathie incorrigible pour des idées communistes que je n'ai cessées de combattre depuis mon enfance ! Ironie du sort : en 2017, sur onze candidats à l'élection présidentielle, neuf (!) affichaient clairement leurs penchants léninistes et défendaient un programme marxisant. En 2018, il existe encore un Parti communiste français. Un autre parti, la France insoumise, se réclame peu ou prou de la même idéologie ! Même le Parti socialiste demeure encore marqué par l'idéologie marxiste. Présenté le 18 septembre 2018, le texte du Bureau national du PS en vue des élections européennes de 2019 s'intitule « La Gauche est l'avenir de l'Europe ». À la lecture de ce document indigeste, on espère vivement que ce ne sera pas le cas. On y trouve tous les poncifs que les socialistes français défendent depuis leur alliance avec les communistes.

Dès la première page, l'ennemi est tout désigné, c'est le « libéralisme dominant » : « Le libéralisme économique, dans ses excès et sa violence (*sic*), dans l'injustice et les inégalités qu'il produit, fragilise l'adhésion des peuples à la démocratie et aux libertés, auxquels s'attaquent les nationalistes [...] Le libéralisme et le nationalisme sont des alliés de fait qui amènent l'un et l'autre à la ruine de l'Europe et des Européens. ». Avec le nationalisme, le libéralisme est la cause de tous les malheurs dont souffre l'Europe. Les auteurs sont sûrement aveuglés par le brouillard idéologique du socialisme. Le pire ennemi du nationalisme est bel et bien le libéralisme. Hitler et Mussolini savaient très bien que l'individu et les libertés devaient être aspirés par le sentiment nationaliste. La même tactique a été mise en place par les dictatures communistes qui ne cessaient de nourrir le sentiment nationaliste pour attiser la haine contre l'« impérialisme capitaliste ».

Le problème c'est que même le constat est faux. Selon les auteurs du document, en Europe, « la solidarité est contestée et les inégalités s'accroissent ». Or, même un lycéen le sait, l'Europe dépense des dizaines de milliards d'euros tous les ans pour corriger les différences de richesses entre pays. Les divers programmes de la politique régionale européenne représentent quelque 352 milliards d'euros, soit 32,5 % du budget européen pour la période de programmation 2014-2020. On est bien loin d'une « politique libérale violente ». S'il existe des pays très peu inégalitaires, c'est bien en Europe qu'ils se trouvent. Ce ne sont pas les inégalités qui ont poussé les électeurs néerlandais, allemands, autrichiens ou suédois à voter pour des partis « nationalistes ». La Suède est considérée comme le pays le moins inégalitaire au monde et l'Autriche, les Pays-Bas et l'Allemagne font aussi partie du peloton de tête des pays les plus égalitaires. Ne pas voir les raisons des votes populistes et nationalistes c'est ne rien comprendre. Toujours la tête tournée vers le passé, les socialistes français citent la célèbre phrase de François Mitterrand : « L'Europe sera socialiste ou ne sera pas ! ». Elle a été prononcée en 1978 lorsque les socialistes préparaient, avec leur programme, la catastrophe économique de 1981 en France. Heureusement, l'Europe ne les a pas suivis.

Pour mettre en place cette nouvelle Europe « sociale », les auteurs font 17 propositions qui s'inspirent, elles aussi, d'un passé empli d'échecs : plus d'argent public pour un « budget de la zone euro », avec, bien sûr, une nouvelle fiscalité européenne, un « plan d'investissement européen », une industrie « commune » soutenue par un « Buy European Act » (tiens, ne serait-ce pas un peu populiste ?), un salaire minimum européen, une taxation accrue des GAFA et un droit européen à l'avortement.

Les socialistes français souffrent de terribles trous de mémoire. Ils ont explosé en vol lors des dernières élections avec un programme marxisant comme celui-là. Ils sont les seuls, en Europe, à ne pas avoir changé. De Blair à Schroeder, en passant par les socialistes suédois (Ingvar Carlsson), la gauche européenne a rejeté depuis longtemps le marxisme. Le PS en est encore loin. Il n'a pas encore fait son « Bad Godesberg », du nom de la commune où s'est tenu le congrès du SPD allemand au cours duquel les membres du parti ont dit adieu au marxisme. C'était en 1959 !

Le fan club de Marx et de Lénine existe toujours

Dans quel autre pays capitaliste l'opposition au gouvernement existe-t-elle surtout grâce aux organisations politiques léninistes et marxisantes ? Avec 33 députés et 15 sénateurs, omniprésents dans les médias, Mélenchon et les Insoumis, Alexis Corbière et autres communistes dirigent les manœuvres idéologiques, n'hésitent pas à faire appel à la rue et à invoquer la révolution pour chasser ceux qui ne conviennent pas à leurs idées. Lénine serait comblé en lisant la « synthèse programmatique » des Insoumis. Elle prône un remède radical – faire table rase – pour un changement radical : une société toute nouvelle. Sans chômage et sans pauvreté. Une société « multilatéralement développée », sans patrons, ni riches, construite sur le « partage » : des richesses, bien entendu, mais aussi du temps de travail et de la vie en en général. Les salariés devront « s'approprier l'entreprise » et « reprendre le pouvoir décisionnel ». « Il faut rendre le pouvoir au peuple », c'est ce que disait Lénine à la foule en octobre 1917. « Tout commence par le pouvoir des citoyens » soutient le programme des Insoumis. La « refondation républicaine » doit passer par le fait de « rendre au peuple son pouvoir politique ». Comment ?

La démocratie n'est pas le bon système. Il faudra une nouvelle Constitution, une Assemblée constituante dont les membres devraient remplir plusieurs critères pas encore clairement définis. Origine sociale « saine » ? C'est ce qu'avaient instauré les bolcheviks sous le prétexte de vouloir « donner le pouvoir au peuple » Comme il y a 100 ans, on veut l'avènement de l'« homme nouveau » et d'une « nouvelle ère » !

Le premier ministre Édouard Philippe semble, hélas, lui aussi, frappé par la grâce de l'idéologie communiste. En visite au Vietnam (novembre 2018) il a rendu hommage au leader communiste Hô Chi Minh pour son « calme et sa détermination », qui ont servi les projets d'État. Il est vrai, ce dictateur a, sans état d'âme, tué des centaines de milliers de personnes, y compris des Français. Inconscience ? Alzheimer idéologique ? Négationnisme communiste ? Comment expliquer cette pathologie caractérisée par un refus de voir la vérité ?

Monsieur Hulot a du culot

On nous le dit et on nous le serine : la lutte pour le climat est un devoir pour nous tous. Mais encore plus pour les politiques qui en ont fait leur plus grand atout démagogique. Surtout ceux qui n'en ont strictement rien à faire du climat. Pour Nicolas Hulot, symbole vivant de l'écologisme et régulièrement choisi par les Français comme l'une de leurs personnalités préférées, pour sauver le climat il faut choisir, car « entre la croissance et la décroissance, il y a une alternative : la croissance et la décroissance sélectives. » Comprenne qui pourra. Plus simple à saisir est la déclaration officielle de sa fortune. Le grand sauveur de la planète, celui qui nous en impose avec le respect de la nature, ne possède pas moins de sept voitures (BMW, Land Rover, Volkswagen...), toutes plus polluantes les unes que les autres, et une barque à moteur! Si l'on compte ses voyages en avion, et surtout en hélicoptère, Nicolas Hulot a probablement laissé plus de CO2 dans l'atmosphère qu'une entreprise moyenne. Le même qui a convaincu Jacques Chirac d'inscrire le principe de précaution dans la Constitution demeure un dogmatique et un grand profiteur de ce marché qu'il pourfend dans les médias. D'un côté, il réalise des films « engagés » comme *Le syndrome du Titanic*, dans lequel il tire à boulets rouges sur le capitalisme, la mondialisation et les entreprises, les accusant de tous ces maux qui ravagent la planète. De l'autre, il mène rondement ses affaires grâce à sa société... on ne peut plus capitaliste. Ses déclarations de patrimoine l'ont bien montré. Ses charges contre le pétrole et la pollution devraient donc provoquer l'hilarité générale. Mais non. Il semble devoir jouir à vie d'un capital sympathie.

Avec Macron, il n'a pas réussi à « fermer le nucléaire » mais a eu gain de cause pour l'aéroport Notre-Dame des Landes. Et aussi, en octobre 2017, pour l'alignement par le haut de la fiscalité du gazole sur celle de l'essence. Il a également proposé la majoration, soit de la taxe foncière, soit des droits de mutation, soit des deux, afin de sanctionner comme il se doit les propriétaires qui s'obstineraient à ne pas soumettre leurs immeubles aux dernières normes énergétiques. Taxes, réglementations, normes... voilà en quoi consiste l'écologie de M. Hulot.

À cela s'ajoute l'hystérie en faveur des énergies renouvelables dont le coût ne cesse d'exploser. Au-delà de l'enlaidissement du territoire (tiens, pourquoi M. Hulot n'a-t-il jamais proposé l'installation d'une éolienne à proximité de sa propriété de Saint-Lunaire !), elles ont montré leurs limites. Les Allemands, dont l'énergie est aujourd'hui deux fois plus chère qu'en France (0,30 euro le kWh outre-Rhin contre 0,14 euro dans notre pays), se posent de plus en plus de questions sur leur terrible choix d'avoir abandonné l'énergie nucléaire.

N'oublions pas non plus l'opposition doctrinale de M. Hulot aux OGM, aux pesticides, au gaz et pétrole de schiste, malgré les résultats de recherches et d'études scientifiques beaucoup plus nuancées sur ces questions; et malgré le fait que d'autres pays les acceptent sans problème. Cerise sur le gâteau, les ayatollahs de l'écologie comme Nicolas Hulot veulent aussi instaurer un repas végétarien un jour par semaine dans les cantines scolaires. Selon eux, ça protègera la planète!

Profitons de la démission de ce personnage, mélange d'idéologie totalitaire et de tartufferie, pour libérer l'écologie de son carcan dogmatique. Ce ne sont pas les taxes et autres réglementations qui « protègent la planète » mais l'innovation et le savoir-faire des hommes. Grâce aux innovations, la pollution au CO2 provoquée par les automobiles a baissé de 90 % depuis les années 1990, et cela malgré une très forte augmentation du nombre de voitures. Encourageons les innovations, et les problèmes écologiques seront mieux résolus. Nous n'avons pas besoin de ministres comme Nicolas Hulot, mais d'innovateurs. Ce sera beaucoup plus écologique et beaucoup moins coûteux. D'autant plus que, contrairement à ce que nous font croire les écologistes et les alarmistes de service, malgré les tragédies provoquées par les ouragans, le nombre de ce genre de phénomène climatique extrême est en chute libre. Selon la NOAA (*National Oceanic and Atmospheric Administration*), agence du département du Commerce américain, le nombre d'ouragans très puissants (forces 3, 4 et 5) a été divisé par deux depuis le début du XXe siècle. Réchauffement climatique ou pas, il n'y a pas plus de cyclones qu'avant aux États-Unis. D'une manière générale, les catastrophes naturelles (ouragans, inondations, canicules, etc.) ne sont pas plus nombreuses et ne provoquent pas plus de morts. D'après les données de l'Université d'Oxford, il y avait, tous les ans, durant la première moitié du XXe siècle, 13 morts dues aux catastrophes naturelles pour 100 000 personnes. On en compte aujourd'hui 0,38, soit une ne baisse de 97 %. Le nombre de décès dus à ces cataclysmes a décliné de plus de 67 % en 60 ans. Dans les années 2010, il s'élevait à 70 000 environ, alors que dans les années 1950, il était de 210 000 (soit trois fois plus) pour une population mondiale alors trois fois inférieure à celle d'aujourd'hui, soit, en proportion, neuf fois plus qu'aujourd'hui.

Mieux encore, contrairement aux (habituelles) mauvaises nouvelles colportées par les écologistes et les médias, la surface des forêts a augmenté sur la planète. Selon la revue scientifique *Nature*, entre 1982 et 2016, la superficie des forêts a augmenté de 2,24 millions de km^2, ce qui équivaut à plus 7,1 % par rapport à 1982. À ma connaissance, aucun grand média français n'a repris cette étude. De plus, selon les relevés satellitaires, au 31 mars 2018, la banquise arctique atteint 14,260 millions de km^2, soit plus qu'en 2017 (14,175) et 2006 (14,238). En additionnant les surfaces des banquises arctique et antarctique au 31 mars, nous obtenons 18,433 millions de km^2 pour 2006 et 19,031 millions de km^2 pour 2018 (soit 0,6 millions de km^2 de plus qu'en 2006).

L'écologisme peut lui aussi provoquer des catastrophes naturelles. Plus de 55 000 ha (quatre fois la taille de Paris !) partis en fumée, des dizaines et des dizaines de morts, plus de 1000 disparus, des quartiers entiers entièrement détruits, le bilan (encore provisoire) des incendies qui ont ravagé en novembre 2018 la Californie est dramatique. Les images étaient impressionnantes, mais pas les commentaires des journalistes sur les causes de ce sinistre, qui se ressemblaient comme des documents copiés-collés. Bien sûr, la sécheresse, l'étalement des villes, le manque de points d'eau font partie des causes. Sans oublier l'origine criminelle des feux (fréquente, en France aussi).

Néanmoins, une des origines, sinon l'origine principale des incendies, a été – délibérément ? – ignorée. Et pour cause. Elle est politiquement incorrecte : les réglementations écologiques en Californie facilitent les départs et la progression du feu. De quoi s'agit-il ? Environ 57 % des forêts appartiennent au gouvernement fédéral. Le reste est privé mais réglementé par l'État de Californie. Et il y a, aujourd'hui, plus de forêts qu'il y a 100 ans. Pourtant, entre 2010 et 2017, environ 130 millions d'arbres sont morts à cause de la sécheresse et, surtout, d'une épidémie générée par un parasite. Or, en invoquant la protection des espèces, les réglementations et les normes empêchent, voire interdisent dans certains cas, le déboisement, le débroussaillage ainsi que la vente de bois mort. Aux États-Unis, ceux qui ne tiennent pas compte de ces réglementations le paient souvent très cher. En outre, pour des raisons écologiques aussi, le *Forest Service* de Californie consacre 85 % de son budget à la protection des forêts et seulement 15 % à la lutte contre les incendies.

L'exemple californien montre qu'à trop vouloir privilégier l'écologie, on finit par tuer la nature. Mieux vaudrait donc faire confiance à l'innovation, sans pour autant se précipiter pour financer les énergies renouvelables comme l'ont fait les Allemands. Lors des dernières élections en Allemagne, l'AfFD (Alternative pour l'Allemagne) a obtenu un surprenant score de 13 %. Parmi ses promesses figure la fin des subventions pour les énergies vertes, en particulier l'éolien. Les sondages récents montrent que 61 % des Allemands ne veulent pas dépenser plus pour l'énergie même si elle est renouvelable. On peut le comprendre : le prix de l'électricité a explosé de l'autre côté du Rhin. Selon la *US Energy Information Administration* et Selectra, le coût du kWh est plus de deux fois plus élevé pour un ménage allemand (0,30 euro) que pour un ménage français (0,14 euro) et presque trois fois plus élevé que pour un ménage américain (0,11 euro). Entre 2013 et 2018, l'Allemagne a dépensé plus de 160 milliards d'euros en faveur de ces énergies renouvelables. Plus de 30 000 éoliennes installées sur son territoire devraient produire à plus ou moins longue échéance, l'équivalent de l'énergie d'une dizaine de centrales nucléaires. Mais il y a un gros problème : le vent ! Quand il n'y en a pas, il faut du charbon et l'Allemagne en consomme beaucoup (un tiers de l'énergie qu'elle produit). Résultat : les émissions de CO2... sont toujours au niveau d'il y a 10 ans !

La France en tête de classements internationaux, cela devient rare. Pourtant, s'il est un domaine dans lequel nous sommes privilégiés, c'est bien celui de la production énergétique. La France produit 5,37 tonnes de CO2 par habitant ; l'Allemagne que l'on dit si vertueuse en termes de transition énergétique, en produit 84 % de plus. Seules la Suisse et la Suède, parmi les pays développés, réussissent mieux que la France avec une production respectivement moindre de 13 % et 12 %.

Point commun entre ces trois pays : la part importante de la production énergétique issue des centrales nucléaires.

33 % de la production d'électricité proviennent de centrales nucléaires en Suisse, 42,2 % en Suède, 72,3 % en France (chiffres de 2016). Ils profitent en outre d'une force hydraulique importante grâce à de nombreux barrages. En Australie, le dernier plan écologiste (*Clean Energy Target*) a été abandonné. En Allemagne, c'est la Cour fédérale des comptes qui a souligné les faiblesses et les incohérences de la stratégie suivie : la surcharge payée par les consommateurs, que nous avons évoquée plus haut, aurait triplé depuis 2010 et, pour les entreprises, le prix moyen de l'électricité aurait augmenté de 60 %. Le gouvernement allemand aurait « une visibilité insuffisante des conséquences financières de la transition énergétique ». Enfin, la France repousse elle aussi ses objectifs antinucléaires, et c'est une bien sage décision, car ils sont irréalistes. Ils s'appuient sur des projections absurdes qui tiennent pour acquis que la consommation aura été divisée par deux en 2050 grâce à une meilleure isolation des bâtiments.

Ceux qui veulent rire (jaune) devraient lire cette tribune de l'ancien ministre Hubert Védrine publiée par le quotidien *l'Opinion* (6 septembre 2018). Que nous dit l'ancien ministre? Qu'il faut « écologiser » les activités humaines, créer un « Conseil des générations futures », « forcer l'ensemble du corps social à avancer plus vite ».

Et ce ne sont que quelques échantillons. Jean-François Revel se moquait souvent des bêtises de Védrine, l'une des plus drôles revenant à l'expression « hyperpuissance » (américaine, évidemment) que Védrine considérait différente de « superpuissance » (américaine encore) alors qu'il s'agit exactement de la même chose, à ceci près que « super » vient du latin et « hyper » du grec… Les hyper-supers bêtises védrinaises n'ont pas fini de nous divertir !

Et comment ne pas s'amuser en lisant les chroniques d'Anne Sinclair dans le *Journal du Dimanche* et son thème favori, la critique de Trump ! Pourquoi pas ? Mais, de grâce, Madame, ne donnez pas des leçons de morale pour accueillir des migrants en France ! Il n'y a pas beaucoup de chances d'en voir place des Vosges, là où vous habitez.

Les prophéties de Monsieur Attali

Védrine me fait penser à un autre grand donneur de leçons, Jacques Attali. « Le prévoir-soi est une dimension du devenir-soi », écrivait-il dans *L'Express* en septembre 2015 J'avoue prendre un malin plaisir à demander, à chaque fois que j'en ai l'occasion, la traduction de cette superbe phrase. Jusqu'à aujourd'hui, aucune traduction ! Mais je n'abandonne pas. Monsieur Attali jargonne depuis la nuit des temps et continue à nous partager son savoir. Dans une chronique plus récente de *L'Express* (septembre 2018), il propose la création d'un « ministère de l'Économie positive » (*sic*). Il avait déjà un rêve, vieux maintenant de quatre ans : il voulait réorganiser l'économie mondiale. Un domaine complexe, susceptible de devenir incompréhensible (*sic*). Il proposait donc de la traiter comme celle d'un pays unique, d'instaurer pour cela un État régulateur et une politique de la demande. Comment ? Par la création d'une « banque centrale planétaire », dotée d'une « gouvernance démocratique » (encore heureux !), et d'une « monnaie mondiale, capable de déverser des ressources massives sur le monde sous forme de liquidités ou d'investissements ».

L'idéal, pour Jacques Attali, serait de « demander aux gouvernements du G20 de se mettre d'accord pour relancer fortement les investissements publics par de vastes emprunts, forcés si nécessaire, (*sic*) auprès de grands détenteurs de capitaux ». Et « la solution la plus conforme aux intérêts des jeunes et des salariés serait d'augmenter tous les salaires du monde et d'accepter l'inflation ». Ni plus, ni moins ! Même l'URSS avait fait moins bien dans ce domaine, car elle avait permis aux États qui lui étaient soumis de garder leur monnaie nationale…

Ce qui m'impressionne, chez cet ancien conseiller idéologue de François Mitterrand, c'est que plus il se montre excessif et démagogique, plus il est invité par les médias. Plus il change d'opinion – tantôt il penche pour les idées de droite, tantôt pour celles des socialistes – plus il est écouté comme un grand expert ! Et pourtant, ses tromperies n'ont d'équivalent que ses volte-face. Alors que d'un côté, il avoue son incompréhension des changements de l'économie mondiale, dans son ouvrage publié en 2013 et titré *Urgences françaises*, (Fayard, 2013), il n'hésitait pas, au contraire, à prédire l'avenir du monde… Il y écrivait ainsi que dans les années à venir, on connaîtrait des crises majeures ; que la température de la planète aurait augmenté, en 2030, en moyenne d'au moins un degré environ ; que l'on connaîtrait la guerre de l'eau, etc., tandis qu'une vaste dépression économique guetterait le monde.

Selon lui, c'est la crise idéologique et politique qui expliquerait les crises économiques et écologiques. Ce serait la victoire du marché et de l'individualisme qui entraînerait les déréglementations partout. Pour lui : « Aucun État de droit, planétaire, ne vient réguler le marché. » La globalisation fonctionne sans « globalisation de la règle du droit » et le « triomphe de l'individualisme conduit à celui de la réversibilité, de la précarité, du court-terme et de la déloyauté. » Et encore : « Plus l'homme verse dans l'individualisme, moins il est enclin à prendre en compte l'intérêt des autres. »

Si l'on examine de plus près ses prophéties, une seule conclusion s'impose : il y a eu tromperie sur la marchandise ! Car, à tout le moins, Attali a été celui qui, en tant que conseiller de François Mitterrand en 1981, a largement contribué à la catastrophe économique de la France ; qui, en 1984, face à ce carnage, a réagi par un virage vers le « ni-ni », une opération qui n'a fait qu'enrayer le désastre des nationalisations sans redresser la France. Sans oublier qu'il a été celui qui, en dépit de son passif, fut parachuté par Mitterrand à la tête de la BERD (Banque européenne de reconstruction et de développement) pour enseigner le capitalisme aux pays sortis du totalitarisme communiste. Il fut d'ailleurs obligé, à la suite d'une enquête, de démissionner pour dépenses injustifiées – confirmant ainsi la tradition mitterrandienne la mieux étayée – ayant entre autres gaspillé l'argent de la Banque, à l'origine destiné aux pays pauvres de l'ancien bloc soviétique, à grand renfort de repas fastueux, de déplacements en jet privé, sans parler de ce fameux marbre de Carrare, dont les mauvaises langues disent qu'il se trouverait dans sa maison du Sud de la France. Et ce Fregoli de la pensée économique ose encore se présenter comme un prophète !

Dans un essai publié en 1974 et intitulé *L'anti-économique* (PUF), Jacques Attali et Marc Guillaume posent les bases de leur réflexion économique. Ils affirment que : « la croissance du PNB, agrégation des valeurs ajoutées marchandes, signifiera une dégradation et non une amélioration du bien-être ». Sur ces bases théoriques clairement établies, ils déroulent ensuite une réflexion obscure sur ce que deviendra l'économie de notre époque : « La théorie économique de l'utopie sera après tout, dans dix ou vingt ans, la pratique quotidienne des étudiants d'aujourd'hui ».

D'autres réflexions de Jacques Attali, compilées dans un ouvrage intitulé, *La nouvelle économie française* (Flammarion), publié en 1978, vont ainsi constituer le fonds de commerce des 110 propositions socialistes pour les élections présidentielles de 1981. La notion de « croissance sociale par la maîtrise de l'économie socialiste » résume les idées du penseur : « Cela implique donc une nouvelle façon de penser le progrès et de ne plus la mesurer par l'augmentation du pouvoir d'achat ou du PNB, ni même par l'augmentation d'un autre indice, plus large mais tout aussi global, comptabilisant autrement les différents aspects de la production et de la consommation. La croissance nouvelle sera répartie de façon radicalement neuve. »

Un dernier exemple des dons prophétiques d'Attali, tiré de l'ouvrage, *Lignes d'horizon*, (Fayard, 1990) : « Les signes d'un déclin relatif de l'Amérique sont en effet convergents et irréfutables. [...] On ne voit pas ce qui pourrait, dans les dix ans à venir, inverser cette tendance : rien n'annonce en Amérique – à moins de quelque sursaut psychologique improbable – ni un redémarrage de l'effort d'investissement industriel, ni une hausse de l'épargne, ni la mise au point de produits nouveaux, ni une volonté commerciale conquérante ».

La réalité est connue. À partir de 1992, les États-Unis vont vivre l'une des plus belles périodes de prospérité économique de leur histoire, avec l'essor d'Internet et grâce à des réussites extraordinaires dans le domaine de l'économie de l'information. On ne pouvait pas mieux se tromper !

Nombreux sont les journalistes attirés par ces « personnalités » connues autant pour s'être trompées que pour avoir enfreint la loi. Sinon, comment expliquer qu'un repris de justice tel que Bernard Tapie, condamné à une peine de prison ferme, nous éclaire de ses lumières sur les plateaux télé et radio ou dans les grands journaux, lors de la crise des gilets jaunes ? N'auraient-ils vraiment pas meilleur « spécialiste » à interviewer ?

Hypocrite, et indécent aussi, est le choix de Jean-Paul Delevoye en tant que « pilote de la réforme des retraites ».

Il fait partie, comme tant d'autres, des privilégiés car, en tant qu'ancien maire, conseiller général, sénateur, député, médiateur de la République et président du CESE, il peut cumuler au minimum six régimes de retraite différents, qui n'ont strictement rien à voir, est-il besoin de le préciser, avec les conditions de ceux du dans le privé. Fera-t-il amende honorable, donnera-t-il l'exemple et sera-t-il donc le premier à adhérer au régime universel ? Qui plus est, Jean-Paul Delevoye est entouré d'une équipe d'experts, tous (sauf un) énarques et hauts fonctionnaires. Aucun ne travaille dans le privé. Et aucun n'est retraité ! Non concernés par le régime du privé, sont-ils donc les plus à même de réformer les retraites en France ?

La culture [à marche] forcée

Dans *L'État culturel. Essai sur une religion moderne* (1991), Marc Fumaroli souligne les origines vichystes d'une politique qui se dit au service de la culture mais qui, en réalité, (re) distribue des « produits culturels » comme s'il s'agissait de tickets de rationnement. Cette acharnement des hommes politiques à vouloir instiller de la culture chez les Français – jeunes ou vieux – à travers institutions, organisations et autres manifestations, s'est perpétuée depuis les années noires et ne semble pas faiblir. Il faut néanmoins se mettre au diapason de la technologie et la trouvaille de l'ancienne ministère de la Culture n'y manque pas.

Le Pass Culture présenté le 6 mars 2018 a pris la forme d'une application mobile. Le dispositif, qui prévoit d'offrir aux jeunes de 18 ans un budget de 500 € par an pour leurs divertissements, a été lancé en septembre 2018. Selon le gouvernement, ce sera un « service public universel et [un] nouveau réseau social. » L'application permettra de « recenser l'offre culturelle disponible sur son territoire ». On pourra y réserver des sorties culturelles, acheter des « biens culturels » tels que des livres, des disques ou encore des films. Il sera également possible de s'inscrire à un cours de musique, de danse ou encore de dessin. Le ministère de la Culture prévoit de développer l'application, en consultant « des jeunes » par le biais d'« ateliers de travail ».

Avec ce système, l'État distribue l'argent des contribuables pour l'achat de produits culturels qui plaisent aux jeunes. Un dispositif semblable avait été lancé en Italie, en 2017, par Matteo Renzi. Le bilan, un an après, était peu convaincant. L'on a constaté de nombreuses fraudes. Si 600 000 jeunes en ont déjà profité, près de 40 % des bénéficiaires potentiels ne l'ont pas réclamé ou l'ont « vendu » à d'autres. Le gouvernement a donc hésité à reconduire le « Pass Culture » pour l'année 2018. De toute façon, cette mesure ne l'a pas aidé à gagner les élections…

Le ministère de la Culture est d'ailleurs une invention mussolinienne : d'abord secrétariat en 1933, devenu ministère en 1935, c'est bel et bien le dictateur fasciste qui l'a créé. Bien des pays n'en ont pas, dont la vie culturelle est pourtant très riche, grâce aux fondations privées et aux initiatives individuelles. En effet, la culture est une question d'autonomie, d'envie et non de prise en charge institutionnelle : au-delà du gaspillage de l'argent public, on peut penser qu'une politique grégaire atrophie chez l'individu sa capacité d'agir et de choisir; qu'à force de vouloir « éduquer » les jeunes, on les rend dépendants – mais pas pour autant reconnaissants.

A-t-on déjà oublié que, malgré ces milliards dépensés à leur service, ils ont majoritairement voté pour les extrêmes lors des dernières élections? Le Pass Culture pourrait avoir sa logique, à la condition que toutes les subventions aux associations culturelles ou soi-disant telles soient supprimées; si elles vivaient de l'argent de leurs « clients », le Pass Culture aurait alors pour mérite d'aider à en payer le vrai prix. Hélas, le système proposé ne fait qu'ajouter aux financements existants d'une « culture » qui trop souvent en usurpe le nom.

De fait, on se demande parfois en quoi consiste cette « culture » qui vit de subventions. À la vue des résultats, on ne peut s'empêcher d'être un peu dubitatif – et un peu triste – à l'annonce des chiffres Eurostat (mai 2018) : les Français ne consacrent que 2 minutes par jour à la lecture. Les Anglais et les Allemands, plus de 7 minutes. Les Estoniens, les Finnois et les Polonais, plus de 10 minutes. Le pays des Lumières, de si grande réputation littéraire, est donc celui où on lit le moins de livres dans l'Union européenne. Malgré son grand ministère de la Culture et ses dizaines de directions régionales culturelles, ses milliers d'associations, malgré les fêtes du livre et les subventions à la pelle… Paradoxe : on oblige le contribuable français à financer l'État culturel, et lui, il fait la grève de la lecture !

Lors d'un colloque intitulé « Le financement de la protection sociale est-il équitable pour les jeunes générations ? », organisé par la Caisse des dépôts en mars 2016, trois associations – Génération précaire, le Mouvement français pour un revenu de base et Générations cobayes – se sont prononcées pour une augmentation des aides accordées aux jeunes, pour une totale prise en charge de leur santé ainsi que pour l'instauration d'un revenu universel. Générations cobayes a même mis en place une boîte à outils intitulée « Éco-Orgasme » (*sic*!). Par ailleurs, le concept de l'allocation universelle est très à la mode ces derniers temps car, présenté comme la clef de toutes les réformes dont la France aurait besoin, il a été repris par des organisations de gauche comme de droite.

J'ai eu l'outrecuidance de soutenir qu'il ne faudrait plus aider les jeunes. En tout cas, ceux qui ne sont pas handicapés, malades ou victimes de graves problèmes psychologiques. Il n'est pas mauvais de connaître la précarité au début de son indépendance financière. Bien au contraire même, peut-être. Les fils à papa ou à maman ne sont pas les plus solidement armés pour la vie. Mieux vaut se trouver des petits boulots et en changer souvent que ne rien faire du tout. Les manifestations contre la réforme El Khomri de ces jeunes qui n'ont jamais travaillé étaient grotesques, comme celles des lycéens contre la réforme des retraites en 2008 ! Elles montrent que les jeunes (pour une partie) sont habitués à être pris en charge et s'opposent à toute vraie réforme. Aucun des intervenants du colloque mentionné plus haut n'a prononcé les mots « responsabiliser », « concurrence », « privatisation », pourtant des sésames pour les jeunes. Plus de 80 % des chauffeurs Uber sont des jeunes de banlieue qui veulent entreprendre et travailler. Ce n'est pas la précarisation qui les obsède, c'est l'envie de s'en sortir. Ils n'ont pas besoin d'assistanat ni de beaucoup d'État. S'il est un exemple à suivre, c'est bien le leur ! Ils comptent avant tout sur eux-mêmes, pas sur les ministères, les élites ou les prétendues organisations de jeunes.

Si l'on avait fait « confiance aux jeunes », on aurait eu droit au deuxième tour à Marine Le Pen face à Jean-Luc Mélenchon. En effet, rappelons-le, 51 % des 18-24 ans ont voté pour les deux candidats extrémistes. C'est-à-dire en faveur du discours antilibéral, anti-patrons, anti-riches, anti-Europe et antimondialisation. Un vote particulièrement inquiétant qui montre l'échec, d'une part de notre Éducation nationale, d'autre part de toutes les politiques en faveur des jeunes menées depuis des années autant par la gauche que par la droite.

Pourtant, des milliards d'euros ont été distribués afin de « lutter contre le chômage des jeunes » ou leur accorder des aides, plus farfelues les unes que les autres, le « RSA jeunes » étant l'une des dernières. Cela fait plus de trente ans qu'on empile les mesures « en faveur des jeunes », depuis les fameux TUC mis en place par Laurent Fabius lorsqu'il était Premier ministre jusqu'aux emplois « d'avenir » du gouvernement Ayrault. Tous les ans, plus de six milliards d'euros sont dépensés en faveur de l'emploi des jeunes. Avec quels résultats ? Le taux de chômage des jeunes est à 21 %, trois fois plus élevé qu'en Allemagne ! Ils sont devenus des assistés qui votent pour les plus antilibéraux alors qu'à leur âge, on pourrait s'attendre à ce qu'il réclament un maximum de libertés économiques et entrepreneuriales. La démagogie du « jeunisme » et les discours paternalistes leur ont fait croire qu'ils sont « victimes de la société » et que c'est à elle de faire des efforts pour qu'ils s'en sortent. En comparaison, au Royaume-Uni, où l'assistanat n'est plus vraiment la tasse de thé des politiques, environ 70 % des jeunes ont voté contre le Brexit. Dans ce pays, le chômage des jeunes est à 14,6 %, près de dix points de moins qu'en France. L'avantage principal qui leur est accordé est un prêt bancaire pour payer leurs frais d'inscription en faculté, qu'ils ne remboursent que lorsqu'ils sont dans la vie active et qu'ils gagnent plus de 21 000 livres sterling par an (26 600 euro). Ceux qui travaillent ont droit à leur propre SMIC horaire : 3,87 livres (4,90 euros) pour les moins de 18 ans, 5,30 livres (6,70 euros) pour les 18-20 ans, 6,70 livres (8,49 euros) pour les 21-24 ans et 7,20 livres (9,12 euros) pour les plus de 25 ans alors qu'en France c'est le même montant pour tous : 9,67 euros bruts de l'heure. Mais la flexibilité britannique n'empêche pas d'être payé… Enfin, lorsque David Cameron a baissé l'impôt sur les sociétés à 20 %, il a dit qu'il s'agissait aussi d'une mesure en faveur des... jeunes. Mieux vaut embaucher des jeunes que payer beaucoup d'impôts comme en France où l'IS est à 33 %, 13 points de plus qu'au Royaume-Uni...

Aux États-Unis, c'est le plein emploi qui fait reculer le chômage des jeunes, pas les aides. Comme les entreprises manquent de main d'œuvre, elles ont de plus en plus tendance à les embaucher, à partir de 16 ans. Selon le *Labor Department*, le taux de chômage (mars 2018) est extrêmement bas chez eux : 13,9 % pour les 16-19 ans, celui des 20-24 ans étant tombé à 7,2 %.

Les exemples ne manquent donc pas. Les jeunes sont capables de se prendre en main, si on les y encourage. En France, on l'a presque oublié.

4.

DÉMAGOGIE, POPULISME, INFOX : TOUS GAGNANTS !

Tout le monde se souvient du célèbre sketch des Inconnus sur les chasseurs. Et de ces répliques cultes : « Au fond, un bon chasseur, c'est quoi ? [...] Eh bien, le bon chasseur, c'est celui, y voit un truc qui bouge, y tire... » Et qu'est-ce qu'un mauvais chasseur ? « Le mauvais chasseur, c'est celui, y... voit un truc qui bouge, y tire... mais bon, y tire quoi, mais c'est pas pareil ». C'est à peu de choses près la même chanson avec le populisme. Les politiques et les élites « progressistes » considèrent que tout ce qui les contredit est par nature « populiste ». En général, il faut se rendre à l'évidence, il s'agit de tout ce qui se réclame de la droite ou qui, du moins, n'est pas de gauche. On veut bien faire quelques concessions idéologiques et accepter le fait que Jean-Luc Mélenchon soit un « populiste » – on tolère même, à la limite, sa violence verbale et ses joutes démagogiques. Dans ces milieux où la bonne conscience règne, on va jusqu'à faire l'impasse sur les similitudes évidentes entre son programme économique et celui de Marine Le Pen. Si l'on remplace les « immigrés » par les « riches », la copie devient parfaite. En citant Le Pen et le lepénisme, comment ne pas se rappeler l'incompétence et le véritable déni de réalité d'une grande partie des journalistes et des politiques qui, au tournant du millénaire, parvenaient à nier farouchement tout problème qui puisse expliquer le vote lepéniste ? En caricaturant les électeurs de Le Pen père et ensuite de sa fille, tous ces donneurs de leçons ont différé leur compréhension d'un malaise qui touche des millions de Français. Ont-ils pour autant démissionné ou fait leur *mea culpa* ?

Lorsque Macron critique l'« Europe ultralibérale » et « ouverte à tous les vents », cette Europe « qui ne permet plus aux classes moyennes de bien vivre », ne fait-il pas des appels de pieds aux électeurs des extrêmes ? Si ce n'est pas du populisme, qu'est-ce que c'est ? Désigner l'Amérique comme « ennemie » le mardi 6 novembre (jour des élections de mi-mandat – et cinq jours avant le 11), et choisir pour les commémorations une chanteuse qui a traité le président américain de « tyran », en quoi est-ce différent de l'antiaméricanisme omniprésent de nos extrêmes ? Personne ou presque n'a réagi. Oui, bien sûr qu'on a là affaire à du « populisme »... à du « populisme républicain » ou « progressiste »! Le président n'en est pas à sa première pique. Quand certains (situés à droite ou à gauche de l'échiquier politique) n'hésitent même pas à réclamer un « Frexit » sur le modèle du Brexit qui a vu la sortie du Royaume-Uni de l'Union européenne, Emmanuel Macron a affirmé lors d'une interview accordée à une chaîne britannique qu'un référendum en France donnerait probablement le même résultat. Je n'ai pas vu beaucoup de journalistes réagir lorsqu'il a, avec un bel aplomb, reproché en mai 2018 à l'Allemagne d'être le meilleur élève de la classe (!). C'était à l'occasion de la journée de l'Europe, cette Europe accusée par de nombreux politiques d'être la cause de la plupart des maux qui accablent la France. C'est à cette occasion que, subtilement, mais tout aussi directement qu'à la télévision britannique, le président français a critiqué la position allemande concernant les vertus du contrôle des dépenses budgétaires. À Aix-la-Chapelle, il a demandé « un budget européen beaucoup plus ambitieux et une zone euro plus intégrée, avec un budget propre », faisant l'impasse sur le fait qu'à la fin, ce sont les Allemands qui règlent l'addition. « En Allemagne, il ne peut y avoir un fétichisme perpétuel pour les excédents budgétaires et commerciaux, car ils sont faits aux dépens des autres », a-t-il prétendu lors de la cérémonie à laquelle assistait Angela Merkel. Le président français a tort. Ni l'Allemagne, ni l'Europe ne sont responsables des malheurs de la France. Et les politiques qui invoquent le Brexit à longueur de journée oublient que le vote des Britanniques n'était pas dirigé contre l'Europe libérale mais contre l'Europe bureaucratique. D'ailleurs, ces régions britanniques qui ont reçu le plus d'aides européennes ont été aussi celles qui ont voté le plus majoritairement pour la sortie de l'Europe. Et celui qui a mené la campagne du Brexit – Nigel Farage – a des convictions économiques tout aussi éloignées de Marine Le Pen que de Jean-Luc Mélenchon. Pendant la campagne, il a demandé plus de libre-échange (mais sans l'Europe), des baisses d'impôts et même la suppression de l'impôt sur les successions. Connaissant les défenseurs politiques du Frexit, on peut craindre que celui-ci n'enfonce la France encore plus dans l'étatisme.

Aucun populisme n'est négligeable, même les plus petits. Preuve en est la promesse… jupitérienne (!) de faire baisser le coût du permis de conduire. Est-ce vraiment au président de la République de s'occuper de cet examen ? Le même type de populisme a guidé Macron et une belle brassée d'autres responsables politiques aux funérailles de Johnny en décembre 2017. Certains d'entre eux s'en étaient bruyamment pris au chanteur quand il avait quitté l'enfer fiscal français… mais une fois mort, ils l'aimaient tous. À la mort d'Elvis Presley, le président Carter avait sobrement publié un communiqué. C'est le public du rocker qui s'est déplacé chez lui en nombre pour lui rendre hommage.

Qu'est-ce que le populisme ?

Dans son essai intitulé *Qu'est-ce que le populisme ?* Jan-Werner Müller se demande : « Qui, au juste, n'est pas populiste ? ». C'est tout à fait pertinent, à ceci près que tous les populismes ne se valent pas. En France, il y a ce populisme de gauche qui bénéficie d'une forme d'immunité. Par exemple, les vigilants idéologues ont immédiatement condamné le nouveau président Bolsonaro au Brésil, un très dangereux personnage à leurs yeux (*Le Monde* n'a utilisé que les termes « extrême droite » à son égard), mais combien ont été ceux qui ont critiqué l'ascension au pouvoir en Bolivie de l'extrémiste de gauche Evo Morales ? Même l'ancien tyran Hugo Chavez au Venezuela n'a pas essuyé le même déluge de critiques que le jeune conservateur Sebastien Kurz, qui après avoir remporté les élections en Autriche en octobre 2017 a dû, pour gouverner, faire alliance avec le parti d'extrême droite. On a tout de suite crié au loup, faisant semblant d'oublier un précédent révélateur : le gouvernement d'un autre « extrémiste » autrichien, Jorg Haider, entre 1989 et 1991. Sauf erreur, l'Autriche n'a pas vraiment basculé vers la dictature nazie, ni à l'époque, ni aujourd'hui. Elle se porte plutôt bien, avec un taux de chômage (4,8 %) bien moins élevé qu'en France. Remarquons à ce propos que dans de nombreux pays touchés par la vague populiste, l'économie fonctionne très bien ; on ne peut pas vraiment accuser le déclassement d'avoir poussé les électeurs dans les bras des partis populistes. Leurs très bons scores en Autriche, Allemagne, aux Pays-Bas ou, plus récemment, en Suède, n'est pas alimenté par une économie en souffrance : les deux premiers pays connaissent le plein emploi, tandis qu'en Suède, l'État providence joue toujours son rôle protecteur. La poussée de l'AfD dans les Länder allemands de Bavière et de Hesse n'est pas due, comme le soutient la correspondante du *Monde*, au désir d'accroître la « justice sociale », mais à la peur de l'immigration. Ces deux Länder sont les plus riches d'Allemagne, le PIB par habitant est l'un des plus élevés d'Europe ! L'immigration en Suède et en Italie (pour ne citer que ces pays), la peur de l'immigration en Hongrie, voilà ce qui fait le lit de tous ces soubresauts populistes.

Il faut également différencier le populisme à tendance autoritaire, comme celui de la Hongrie où l'on interdit des organisations non-gouvernementales et où la presse est fortement muselée, de celui de pays véritablement démocratiques comme l'Autriche, les Pays-Bas, l'Italie ou les États-Unis. La victoire de Mark Rutte aux Pays-Bas a montré que faire des réformes, ça paye ! Il ne suffit pas d'avoir un discours populiste pour gagner les élections. Il faut aussi agir.

L'agitation a été grande lors des élections aux Pays-Bas, car les sondages et de nombreux analystes prévoyaient une forte percée – voire un succès – du candidat d'extrême droite Geert Wilders. Finalement, c'est le Premier ministre Mark Rutte qui a remporté le plus grand nombre de sièges, suivi par les élus de treize autres partis. Comme s'ils étaient déçus par les résultats, la plupart des médias et autres spécialistes n'en ont pas examiné les raisons. Celles-là même qui pourraient d'ailleurs servir de leçon à nos politiques français.

En premier lieu, le PVV de M. Wilders, qui a obtenu 13 % des voix et 20 sièges, est plutôt éloigné des idées véhiculées par le Front national. Bien entendu, sa campagne a été menée contre les immigrés musulmans. Il ne cesse de condamner le Coran, mais en économie, il est beaucoup plus ouvert : l'un des murs du bureau de son leader est orné d'un portrait de Margaret Thatcher. Son discours n'est pas dirigé contre l'économie libérale, les riches ou la mondialisation. C'est un pourfendeur de la religion musulmane, mais un défenseur des libertés économiques. Très habilement, Mark Rutte, le Premier ministre, venant du centre-droit, a repris pendant les semaines qui ont précédé les élections le discours anti-immigrés de son principal adversaire tout en préservant son positionnement libéral. Sur le site de son Parti populaire, libéral et démocrate, il existe toute une partie consacrée au libéralisme. Au pouvoir depuis octobre 2010, Rutte n'a cessé d'enchaîner les réformes libérales aux Pays-Bas.

En 2016, la croissance économique batave a été de 2,1 %, contre 1,6 % en moyenne dans l'UE. Une croissance ininterrompue durant onze trimestres. Elle a été précédée de plusieurs réformes, dont des coupes importantes dans les dépenses publiques. Celles-ci représentaient 48,2 % du PIB en 2010 et 44,7 % fin 2016, soit 13 points de moins qu'en France ! Cette forte baisse n'a été suivie d'aucune chute des revenus, d'aucune hausse des inégalités comme le soutiennent les étatistes. Au contraire. Selon l'OCDE, le coefficient Gini est de 0,28 aux Pays-Bas contre 0,29 en France. La dette publique atteint 65 % du PIB (2016) contre 97,6 % en France. À préciser aussi que les dépenses sociales représentent 22 % aux Pays-Bas et

32 % en France. Moins de dépenses, c'est aussi moins de chômage : 6 % aux Pays-Bas et 10 % en France. Le taux de chômage des jeunes est à 13 % contre 24 % dans notre pays. Les Pays-Bas ont entamé les réformes dès la fin des années 1990. On a ouvert à la concurrence et privatisé les assurances sociales et médicales. Le « Workfare » a remplacé le « Welfare ». En 2015 a été adopté le *Participation act* qui a représenté un pas décisif vers plus de responsabilité. L'État n'intervient qu'en dernier recours et ne prend en charge que ceux qui en ont vraiment besoin. Les individus ont été invités à changer de mentalité : l'assisté est devenu un assuré. Sur le marché du travail, la flexibilité joue un rôle très important. L'employeur bénéficie d'une totale liberté de licencier pendant deux ans. Le chômeur a tout intérêt de son côté à accepter les emplois qui lui sont proposés.

À cela il faut ajouter le système néerlandais de retraite avec trois piliers, dont la capitalisation. Les avoirs des fonds de pension représentent 166 % du PIB et les pensions sont considérées par l'OCDE comme étant les plus généreuses d'Europe. Ce qui n'a pas empêché M. Rutte d'inscrire à son programme un départ à la retraite à 67 ans contre 65 ans actuellement. L'école aux Pays-Bas est libre et concurrentielle. Plus de 75 % des élèves sont scolarisés dans une école privée. Ces écoles sont autonomes, disposent d'un budget propre et bénéficient de la liberté d'embaucher et de débaucher les enseignants qui sont des employés de droit privé. Ils travaillent en moyenne cinq semaines de plus par an que les enseignants français mais sont mieux payés (environ 30 % de plus). Voilà donc un bel exemple de réussite pour des réformes libérales. Si M. Rutte a remporté ces élections c'est aussi parce qu'il n'a pas eu peur de les faire.

Vous avez dit autoritaire ? La France n'a pas vraiment de leçons à donner. Dans deux essais célèbres, *l'Absolutisme inefficace* et *La tentation totalitaire*, Jean-François Revel s'étonne du penchant des hommes en général, des intellectuels et des politiques en particulier, à préférer l'autoritarisme aux libertés, la dictature « douce » à la démocratie libérale. En effet, en France, à gauche ou à droite, on n'hésite pas à faire des clins d'œil à d'autres formes d'organisation politique et économique en prétextant l'échec du système libéral, malgré la turpitude et la faillite des économies dirigées et des régimes dictatoriaux au XXe siècle.

Des signes inquiétants proviennent même du pouvoir en place et de sa réforme des institutions. Au lieu de donner plus de pouvoir de contrôle des dépenses publiques au Parlement, comme c'est le cas dans d'autres pays, cette réforme le rend encore plus inutile. Pourquoi avoir fait campagne pour une Assemblée issue de la société civile, si c'est pour la museler ? Par ailleurs, une vraie réforme des institutions devrait accorder une vraie place, dans le processus réformateur, à la société civile et à l'individu. Il n'en est rien. En toure, le débat télévisé auquel s'est livré le président Macron le soir du 15 avril 2018 a confirmé nos craintes. Sans parler de quelques situations grotesques face aux deux « journalistes » improvisés, on a surtout constaté le fait que Macron reste fidèle à son étatisme : aucune réforme libérale importante n'est prévue. Au contraire, c'est l'État qui va s'occuper de tout : retraite, fiscalité, dette de la SNCF, c'est l'État qui va payer ! Autrement dit : les contribuables…

Le dernier truc en « isme »

La même tentation étatiste et autoritaire est présente chez une grande partie de la droite, empêtrée dans une sorte de gaullisme réchauffé. On nous ressort les mêmes objections sur l'échec de l'économie libérale – comme si la France avait déjà connu une économie de type libéral – et on nous propose de nouveaux « modèles ». On avait déjà le « poutinisme » et son régime autocratique qui s'appuie sur une économie mafieuse et tiers-mondiste et qui, pour le moment, a fait ses preuves dans l'empoisonnement des adversaires politiques et des journalistes, la conquête d'autres territoires, le piratage et les cyberattaques. On avait le libéralisme « sauvage », l'« ultralibéralisme » et le « néolibéralisme ». La nouvelle trouvaille, c'est l'« illibéralisme ». Un libéralisme sans limites ? En réalité, il s'agirait d'un système plutôt autoritaire, en tout cas, très encadré, afin de maîtriser les « dérives libéral-progressistes ». L'exemple donné est celui de Viktor Orban (et aussi, mais plus rarement, celui de Trump aux États-Unis). Quelques précisions s'imposent. Plus de 70 % des Hongrois ont voté en faveur des deux partis anti-immigration. La Hongrie d'aujourd'hui est un pays qui s'est opposé à la demande de Bruxelles d'accueillir des réfugiés sur son territoire. Son « illibéralisme » – si c'est cela le terme – s'arrête bien là. Son économie, elle, n'est pas moins libérale que celle de la France. Elle l'est autrement : il existe une flat tax à 15 % pour les contribuables et à 9 % pour les sociétés, le plus bas de l'Union européenne ! C'est dire ! Il s'agit d'un petit pays, mais il est l'un de ceux qui attirent le plus d'investissements. Regardons notre poutre avant de critiquer la paille des autres.

Il existe en effet, dans ces pays de l'Est, des réactions électorales – populistes ou pas – générées par la peur, celle des immigrés musulmans, et, en particulier, celle des mesures « progressistes » comme le mariage homosexuel, la PMA et la GPA. Contrairement à ce que pense une partie de la droite française, il ne s'agit pas d'une contestation de l'économie libérale. Il vaudrait mieux parler de réaction « anti-libertaire » et non pas « illibérale ». À l'époque de la mondialisation, ce sont les vraies réformes économiques libérales qui sauveront la France et ces pays anciennement de l'Est, pas la tentation autoritaire qui est vouée à l'échec, comme le gaullisme en son temps.

Quid du populisme de M. Trump ? En Amérique, pratiquement tous les médias, à l'exception de Fox News, sont contre lui. Mais contrairement à ce que soutenaient les anti-trumpistes de service, il n'a jamais empêché le bon déroulement des élections de mi-mandat et il en a accepté sans problème les résultats. Les démocrates ont été plutôt mauvais perdants, réclamant un comptage des voix en Floride alors qu'il n'y avait aucune raison de le faire. Le populisme de Trump est bien compatible avec un fonctionnement correct de la démocratie. Pourquoi serait-il plus condamnable que celui des démocrates américains ? Le professeur Jan Werner-Müller cite dans son livre l'historien américain C. Vann Woodward pour lequel le *New Deal* de Roosevelt pourrait être considéré comme une forme de populisme. On peut dire la même chose de l'égalitarisme et du progressisme prônés par les gauchistes. Le vote en faveur de Trump est aussi une réaction à l'Amérique voulue par Obama, celle où les minorités bénéficient du bouclier racial et ne peuvent plus être que de pauvres victimes. Rien n'est jamais aussi simple, et l'on mesure maintenant à quel point le politiquement correct et l'« affirmative action » ont fait des ravages dans la société américaine. Christine Lagarde a raison (dans *Les Échos* du 9 novembre) lorsqu'elle dit, à propos du populisme : « Les élites n'ont pas conscience de ce qui se passe ». Elle affirme même que Trump a raison dans son bras de fer avec la Chine : il faut une juste (*fair*) concurrence, et ce, dans tous les domaines.

On apprenait en août 2018, donc un peu avant les élections de mi-mandat, que l'Amérique de Trump avait un rythme de croissance à 4,1 %. La France de Macron, elle, la croissance, elle n'en avait pas. Elle avait plutôt Benalla, qui allait phagocyter le journal de 20 heures. Quelles que soient les exagérations et les vérités sur cette affaire, elle a largement contribué à ternir l'image de Macron. Une petite frappe promue pratiquement à la tête du service de protection du président ! Alexandre Benalla a cru avoir le droit de tout se permettre dans un État où on a l'impression qu'une fois arrivé au pouvoir, tout nous appartient. Mis en cause, il a néanmoins continué à défier autant le Sénat que les médias. Médias qui n'ont rien trouvé de mieux que de l'inviter au Journal de 20 heures ! Pourtant, il y a tant de Français qui mériteraient d'y être invités, pour lesquels les soirées d'une année entière ne suffiraient pas.

Même François Hollande a lancé, début novembre 2018, une mise en garde lors d'un débat au festival *Politikos*, à Rennes, contre la « vague » populiste actuelle. Une vague qui, selon lui, constitue un « moment très grave pour la démocratie » : « Nous sommes dans un moment très grave pour les démocraties où nous devons nous méfier de ces personnalités qui, à un moment, embrassent les aspirations d'un peuple [...] Il faut qu'il y ait conscience que la France n'est pas à l'abri de ce phénomène, de cette vague, de ce mouvement où des personnages qui veulent être dans le dégagisme, qui veulent être dans un rapport direct au peuple, peuvent arriver aux responsabilités suprêmes du pays », affirme dit l'ancien président socialiste. Il ajoute ensuite que : « Il ne faut jamais croire que la démocratie peut être irréversible [...] Qui aurait pu penser qu'un milliardaire américain n'ayant jamais exercé la moindre fonction publique, le moindre mandat au Congrès puisse devenir le président des États-Unis ? [...] Il faut avoir conscience que nos institutions ne nous immunisent pas contre ce type de personnage ». Drôle de conception de la démocratie ! Si quelqu'un qui n'appartient pas à l'*establishment* politique est élu à la tête du pays, c'est anormal même si les règles démocratiques sont parfaitement respectées ! François Hollande soutient en fait qu'il faudrait se méfier de la démocratie… quand elle ne convient pas aux élites de la caste politicienne. Les mêmes inquiétudes à l'égard du populisme se sont emparées aussi subitement de l'eurodéputé Robert Rochefort. Vous vous souvenez ? Oui, c'est bien celui qui s'était masturbé devant des enfants dans un Castorama en 2016 ! Il est resté à son poste à Bruxelles, alors même qu'il avait reconnu les faits et plaidé coupable. Il a voté, avec d'autres députés, contre les « dérives démocratiques » en Hongrie. Comment ne pas alimenter le populisme avec ce genre d'incongruités ?

Vilains GAFA !

Des propositions de réglementation et de taxation des GAFA sont avancées par la gauche, la droite, mais aussi par ceux qui se considèrent comme centristes ou « libéraux ». On compte, d'un côté, les étatistes de tous bords qui s'en prennent par principe à ces multinationales et, de l'autre, les refoulés qui veulent s'affirmer et attirer sur eux les lumières. Attaquer ces « géants » est à la mode et les conséquences dans l'opinion, garanties. Vous ferez à coup sûr parler de vous et vous vous ferez bien voir, même de vos adversaires d'hier, s'ils sont eux aussi contre les GAFA ! N'est-ce pas du populisme ? On reproche aussi aux GAFA, en particulier aux réseaux sociaux, d'utiliser nos données personnelles. Nous l'avons déjà écrit : personne ne nous a obligés à les donner ! Qui plus est, en échange, nous bénéficions d'un service gratuit. N'oublions tout de même pas une chose essentielle : c'est grâce aux réseaux sociaux que nos idées circulent, sûrement pas grâce aux médias de gauche ou politiquement et économiquement corrects ! Malheureusement, en France, l'équivalent du *Wall Street Journal* ou de la chaîne Fox News n'existe pas. L'information libéral-conservatrice circule d'abord à travers ces réseaux. Un petit retour en arrière pourrait nous éclairer. Ami et disciple de William F. Buckley, considéré comme le (re) fondateur aux États-Unis des Républicains grâce à ses initiatives dans les années 1970, Richard Brookhiser raconte dans un ouvrage passionnant (*Right Time. Right Place*) toutes ces années du renouveau du mouvement conservateur jusqu'à l'arrivée de Reagan au pouvoir. Réunis autour de la *National Review*, lancée en 1955, des intellectuels ont jeté les bases d'une opposition conservatrice à la gauche, comme souvent omniprésente dans les médias et dans les universités. Will Buckley ne croit plus à la chasse aux communistes dans l'administration ou à Hollywood, mais à la lutte contre les idées « progressistes ». Il lance donc des campagnes de boîtage massives (une sorte de *marketing* direct) afin de contourner les médias et démolir les idées de gauche. Les Républicains ont ainsi commencé à gagner des batailles jusqu'à la victoire de Reagan en 1980. Aujourd'hui, les réseaux sociaux ont en partie remplacé le boîtage postal et c'est notre moyen le plus efficace et le moins cher pour combattre nos adversaires. Ne cassons donc pas notre matériel.

Lors de son audience devant la Commission du Congrès, Mark Zuckerberg a reconnu avoir commis certaines fautes, dont celle d'avoir fait confiance à la société Cambridge Analytics. Il a surtout confirmé la propagande et les attaques répétées de la part de l'Agence russe de l'Internet, ainsi que la censure au moins partielle de certaines pages au contenu conservateur, comme celles qui étaient consacrées à la *Conservative Political Action Conference*, important événement des Républicains. Il a promis de veiller à ce que cela ne reproduise plus. Les GAFA doivent respecter toutes les opinions décentes, mais réglementer leurs réseaux ne pourrait profiter qu'aux gauchistes et autres « progressistes ». Nul doute qu'avec leur maîtrise de l'intox ils parviendraient rapidement à imposer leurs normes et leurs règles. Soyons vigilants en ce qui concerne le terrorisme, la violence, la pédo-pornographie, etc. mais gardons les réseaux sociaux libres. Sinon, nous risquons de les perdre.

Avons-nous oublié que l'État français a « souverainement soutenu » à coups de milliards de nombreux secteurs qui semblaient porteurs d'avenir et qu'il a échoué ? Quand Bill Gates et autres travaillaient dans leur garage, les hauts fonctionnaires de notre État subventionnaient le Minitel et Bull, entre autres. La suite leur a donné tort. Le succès a été du côté des créateurs de Facebook, Amazon, Apple et Google. Si des milliards de personnes utilisent ces géants de l'informatique, c'est qu'ils leur donnent satisfaction. Contrairement à ce qu'affirme la personne interviewée sur *Figarovox*, les GAFA ne menacent pas la démocratie, ils la soutiennent avec leurs moyens. Ce n'est pas un hasard si Facebook est interdit en Chine et très contrôlé en Russie. Ou si, dans un petit pays comme la Roumanie (23 millions d'habitants), il existe 9,6 millions de comptes Facebook, parmi lesquels des centaines de milliers ont formé une véritable société civile qui a réussi faire élire 2014 un président libéral appartenant à la minorité allemande, alors que les grands médias étaient contrôlés par la gauche formée d'anciens apparatchiks corrompus. Il me semble beaucoup plus dangereux qu'un

État ait une emprise sur les populations (on en a vu les conséquences dans l'Histoire). Dangereux aussi que Bercy détienne les données de tout le monde et fasse appel à des délateurs pour les redressements fiscaux (étonnamment, cela n'a pas déclenché autant de protestations…).

Faut-il rappeler que personne n'oblige personne à ouvrir un compte et publier ses données sur un réseau ? Certains – des centaines de millions de personnes – passent leurs journées sur Facebook et publient – gratuitement – des milliers et des milliers d'informations, des photos, des articles, des livres, etc. Afin de « punir » les GAFA de leur succès, Bruno Lemaire souhaite introduire une taxe de 3 % sur les revenus – peu importent les bénéfices – que procurent à ces grandes entreprises leurs ventes en Europe. Taxe qui serait payée dans le pays où ont lieu les ventes – et non celui du siège. Elle serait provisoire car, comme l'a affirmé notre ministre de l'Économie, « il ne s'agit que du début ». Elle rapporterait plus de cinq milliards d'euros par an et rendrait justice aux entreprises traditionnelles qui subissent en Europe un taux de 23 % d'imposition sur leurs bénéfices contre 10 % en moyenne pour les GAFA. En réalité, ces nouvelles taxes ne feraient qu'accroître la bureaucratie européenne, affaiblir la concurrence fiscale et détruire des emplois (rien que pour Apple, on estime à 2 millions le nombre d'emplois créés en Europe). Enfin, la sous-taxation des GAFA est un mythe. Selon les calculs récents du réseau de penseurs *European Center for International Political Economy*, le taux réel auquel sont taxées ces entreprises du numérique est beaucoup plus élevé, à plus de 20 %.

Facebook, Instagram, Twitter… Non seulement on veut les taxer, on veut aussi les utiliser pour surveiller les contribuables ! Ces réseaux sociaux seront les nouveaux terrains d'enquête des agents du fisc. Gérald Darmanin, le ministre de l'Action et des Comptes publics, annonce la mise en place d'une expérimentation. La Stasi reprend du travail… en France !

Si les GAFA sont des ennemis parfaits, l'organisation de gauche Oxfam est la source principale de nombreux donneurs de leçons, journalistes et politiques.

Selon son dernier « scoop », les 26 plus riches ont autant d'argent que la moitié de l'humanité. L'année dernière, ils étaient 42 et il y a deux ans, seulement 8 ! La comparaison est ridicule, elle ne veut rien dire. Le plus important est, on le sait, la baisse de la pauvreté dans le monde et la possibilité de s'enrichir grâce à l'état de droit et à l'économie de marché. Mais prenons notre calculette, il y a d'autres comparaisons qui laissent perplexes : le salaire du président-directeur général d'Oxfam Grande-Bretagne a été en 2017 de 127,753 livres sterling ou 146,532 euros/

an ; le salaire moyen annuel au Burundi, par exemple, est… 600 fois inférieur à ce chiffre. Elargissons le champ, et l'on s'aperçoit que le salaire annuel du PDG d'Oxfam est 100 fois plus élevé que le salaire moyen annuel dans 50 pays du monde… Rappelons aussi que plus de la moitié du budget d'Oxfam provient de subventions publiques. Et que Cécile Duflot, dont l'objectivité statisticienne était jusqu'ici restée un secret bien gardé, est présidente d'Oxfam France…

Ces fameuses inégalités dont les médias se régalent

La lutte contre les inégalités fait aussi partie de l'arsenal de nos donneurs de leçons. Selon eux, le monde serait de plus en plus inégalitaire. Bien sûr, ils font par-là allusion aux « dérives du marché et du capitalisme », pas aux inégalités entre le secteur privé et public, ou entre eux, leurs privilèges et la grande masse populaire. Bien entendu, ils veulent l'égalitarisme… mais pas pour eux ! L'ancien Premier ministre, Manuel Valls, a tout de même mis beaucoup de temps pour se rendre compte qu'il n'était pas normal de faire campagne en Espagne alors qu'il touche 24 167 € par mois en tant que député d'Évry (salaire et indemnités, 13 049 € ; frais mensuels à discrétion, 1 500 € ; enveloppe pour collaborateurs, 9 618 €). Sans les protestations sur les réseaux sociaux et, finalement, sans la presse, il aurait continué. Harlem Désir, ancien président de SOS Racisme, est représentant pour la liberté des médias au sein de l'Organisation pour la sécurité et la coopération en Europe (OSCE). Il touche 122 195 euros net par an, bien-entendu non imposables. François de Rugy, élu des Verts, donc militant écologiste, avait accès à trois voitures de fonction en tant que président de l'Assemblée nationale. C'est ça, la lutte contre les inégalités ?

Pascal Saint-Amans, directeur du centre de politique et d'administration fiscale de l'OCDE, est le pourfendeur de l'évasion fiscale et des paradis du même nom. Il s'est aussi battu contre le secret bancaire et, encore aujourd'hui, il consacre son activité à traquer les multinationales voulant échapper aux impôts. A-t-il les atouts moraux et professionnels pour le faire ? Il mène cette croisade alors qu'il n'a lui-même jamais travaillé dans une entreprise. Bien entendu, c'est un énarque, passé par la DGI (Direction générale des impôts) et par d'autres postes administratifs dont un dans la Commission de régulation de l'énergie. Il a eu aussi quelques ambitions politiques au sein du Parti socialiste. À titre de comparaison, son homologue au

Trésor américain en charge de la fiscalité internationale, Robert B. Stack, a travaillé 26 ans dans le secteur privé, surtout dans celui des fusions-acquisitions et des *joint-ventures*. Il s'y connaît donc bien mieux en multinationales et peut comprendre pourquoi une entreprise cherche à profiter d'une meilleure fiscalité ou, plus simplement, d'une fiscalité stable. Ce n'est pas du tout le cas de notre homme qui semble plutôt guidé par des instincts militants. Plus gênant encore, le fait qu'en tant que haut fonctionnaire d'une organisation internationale, il bénéficie d'une immunité fiscale, étant exempté de quelques impôts et taxes, dont l'impôt sur le revenu (!). En effet, environ 350 organismes internationaux, dont l'OCDE, sont soumis à la Convention de Vienne sur les relations diplomatiques de 1961. La France est signataire de cette Convention qui énonce (article 34) : « L'agent diplomatique est exempt de tous impôts et taxes, personnels ou réels, nationaux, régionaux ou communaux, à l'exception : a) Des impôts indirects d'une nature telle qu'ils sont normalement incorporés dans le prix des marchandises ou des services ; b) Des impôts et taxes sur les biens immeubles privés situés sur le territoire de l'État accréditaire, à moins que l'agent diplomatique ne les possède pour le compte de l'État accréditant, aux fins de la mission ; c) Des droits de succession perçus par l'État accréditaire, sous réserve des dispositions du paragraphe 4 de l'article 39 ; d) Des impôts et taxes sur les revenus privés qui ont leur source dans l'État accréditaire et des impôts sur le capital prélevés sur les investissements effectués dans des entreprises commerciales situées dans l'État accréditaire ; e) Des impôts et taxes perçus en rémunération de services particuliers rendus ; f) Des droits d'enregistrement, de greffe, d'hypothèque et de timbre en ce qui concerne les biens immobiliers, sous réserve des dispositions de l'article 23. »

A-t-on affaire à un évadé fiscal dans son propre pays ? Même basée à Paris, l'OCDE et ses hauts fonctionnaires bénéficient des conventions internationales. Pascal Saint-Amans n'est pas seul dans ce cas, car on estime à plus de 20 000 le nombre de Français dans des postes de fonctionnaires internationaux (sans tenir compte des fonctionnaires européens) qui ne paient pas d'IR. La sénatrice Nathalie Goulet a eu beau déposer un projet de loi en novembre 2013 afin d'instaurer une contribution exceptionnelle de l'ordre de 10 % sur le revenu de ces privilégiés, rien à faire. l'article 5 du code général des impôts serait complété, dans sa proposition de loi, par un alinéa ainsi rédigé : « Sont redevables d'une contribution de solidarité sur le revenu, les fonctionnaires internationaux qui ne sont pas assujettis à l'impôt sur le revenu. Cette contribution est fixée à 10 % du revenu des personnes assujetties. ». L'amendement a provoqué la réaction du ministre de l'époque – Bernard Cazeneuve – pour lequel il serait impossible de l'appliquer : il était tout simplement contraire à l'article 53 de la Constitution concernant les traités signés par la France ! De même, le ministre a considéré qu'il fallait préserver l'attractivité de la France et des fonctionnaires français pour les organisations internationales. Piètres justifications dans un monde en crise et un secteur privé qui croule sous une fiscalité confiscatoire. Quoi qu'il en soit, la disposition a été rejetée.

Une simple visite sur le site de l'OCDE à la page consacrée aux recrutements prouve que le privilège de ne pas payer d'impôt sur le revenu en France est un grand produit d'appel. Sur une dizaine d'offres avec des salaires allant de 3 500 à plus 9 300 euros par mois, la précision « exonéré d'impôt sur le revenu en France, plus allocations et indemnités en fonction de la situation personnelle » est omniprésente.

Avant de combattre les pays à forte attractivité en matière d'imposition et l'évasion fiscale, nous suggérons à Pascal Saint-Amans de se pencher sur cette injustice inadmissible dont il est le principal bénéficiaire. Car c'est bien grâce aux contribuables français, entre autres, que M. Saint-Amans est rémunéré. Avant d'aller reprocher aux autres de ne pas payer suffisamment d'impôts, notre

Grand Inquisiteur ferait mieux de balayer devant sa porte. S'il en payait, il aurait sans doute de quoi être plus prudent dans ses propos et son action.

Les pourfendeurs des inégalités refusent d'accepter les réalités économiques. Leur combat est devenu un leitmotiv dans les médias et un appât de première qualité pour des politiques en quête d'électeurs. En avril 2014, l'IREF publiait une étude intitulée « Richesse et croissance. Les tromperies statistiques de Thomas Piketty ». Elle démontrait, chiffres et statistiques à l'appui, que la théorie de Piketty sur une croissance sans fin des patrimoines ne résiste pas à l'analyse des faits et que, contrairement à ce qu'il soutient, en moyenne, le rendement nominal du patrimoine net des ménages ne peut pas être supérieur au taux de croissance économique. En juin 2015, nous sortions aussi un ouvrage collectif intitulé « Anti-Piketty » rassemblant les principales critiques à l'égard de ses thèses.

De nouvelles critiques continuent d'affluer. Le FMI vient de publier une étude qui confirme les conclusions du travail de l'IREF. En effet, l'auteur, l'économiste Carlos Goes, affirme n'avoir trouvé aucune preuve concernant la hausse du capital comme elle apparaît dans l'ouvrage de Piketty. En analysant 19 pays sur une période de 30 ans, Carlos Goes trouve même que, contrairement à ce que soutient Piketty, le taux d'épargne n'est pas stable et que les inégalités ont tendance à s'estomper. Les résultats obtenus par l'économiste du FMI vont à l'encontre des théories de Piketty sur toute la ligne.

Le hasard fait que la Cornell University a aussi publié à la même époque une étude qui contredit les thèses de Piketty concernant les riches. Alors que, d'après celui-ci, les riches sont des héritiers qui ne cessent d'accumuler des richesses tout leur vie, l'étude montre que la mobilité parmi les 10 % les plus fortunés est stupéfiante. Ainsi environ 50 % des Américains ont-ils fait partie à un moment de leur vie, pour au moins une année en moyenne, de ces 10 % les plus riches ! Environ 11 % des Américains ont même fait partie, pour au moins une année, du 1 % des plus riches ! (94 % de ces 11 % n'y restent qu'un an et 99 % d'entre eux n'en feront plus partie après une dizaine d'années). Pour ce qui est du fameux classement *Forbes*, on apprend qu'entre 1992 et 2013, 72 % des 400 les plus riches sont sortis de cette tranche au bout de seulement un an et ont été remplacés par d'autres.

Donc, pour reprendre les principales informations de ces chiffres :

- Nombre d'Américains qui font partie des 10 % des plus riches au moins une fois durant leur vie : 50 % ;
- Nombre d'Américains qui font partie des 1 % les plus riches au moins une fois dans leur vie : 11 %.

Et selon une enquête réalisée par le groupe U.S. Trust auprès de 700 individus possédant au minimum 3 millions de dollars d'actifs, 77 % de ces riches sont originaires de familles moyennes, voire pauvres, et seuls 10 % d'entre eux ont hérité de leur fortune. C'est grâce au travail et à l'entrepreneuriat que ces individus se sont enrichis.

Comment est-ce possible ? Il y a une raison très simple, que ne comprend pas M. Piketty : c'est que l'économie n'est pas figée et les individus, en majorité des entrepreneurs, peuvent beaucoup s'enrichir durant une période et perdre ensuite leur place dans le classement des plus riches, car ils y sont remplacés par d'autres qui réussissent encore mieux. Ces données sont la preuve éclatante que les héritiers ne représentent qu'une infime partie des riches.

Plus le temps passe, plus les fumisteries idéologiques de Piketty apparaissent au grand jour. Il faudrait que les hommes politiques qui proposent plus d'impôts et de politiques égalitaristes en tiennent enfin compte ! De même, les journalistes pourraient faire un petit effort de documentation avant de le citer régulièrement sans précaution. Piketty a tout faux, pourtant on l'a encore aperçu sur les plateaux télé à l'occasion de débats avec des gilets jaunes. Il serait temps d'en finir avec cette duperie.

Infox (*fake news*) : l'impossible combat

Quand Emmanuel Macron compare la période actuelle avec celle des années 1930, ne devrait-on pas s'interroger sur ses intentions ? Démagogie ? Populisme ? Que peut comprendre un lycéen qui est en train d'étudier cette terrible période de l'histoire de l'humanité ? Se rend-il compte de l'exagération ou de la très grave infox (*fake news*) présidentielle ? Pourtant, c'est bien l'exécutif qui a fait adopter à l'automne 2018 une loi contre ces infox. On sait qu'elle a été souhaitée par le président de la République et préparée au ministère de la Culture, même si elle a été présentée formellement par des députés LREM. Dans l'exposé des motifs, on peut lire que « l'actualité électorale récente a démontré l'existence de campagnes massives de diffusion de fausses informations destinées à modifier le cours normal du processus électoral par l'intermédiaire des services de communication en ligne. Si les responsabilités civiles et pénales des auteurs de ces fausses informations peuvent être recherchées sur le fondement des lois existantes, celles-ci sont toutefois insuffisantes pour permettre le retrait rapide des contenus en ligne afin d'éviter leur propagation ou leur réapparition. » Afin de résister à ces « fausses informations », il faudra « imposer aux plateformes des obligations de transparence renforcées en vue de permettre, d'une part, aux autorités publiques de détecter d'éventuelles campagnes de déstabilisation des institutions par la diffusion de fausses informations et, d'autre part, aux internautes de connaître notamment l'annonceur des contenus sponsorisés ; et aussi permettre que soit rendue une décision judiciaire à bref délai visant à faire cesser leur diffusion ». C'est donc carrément au juge de décider – dans un délai de 48 heures – de ce qui constitue une fausse information.

Un amendement adopté le 22 mai 2018 dernier précise même que « Les opérateurs de plateformes en ligne [...] s'engagent, notamment par l'élaboration de chartes de bonnes pratiques ou d'accords signés avec les organisations représentatives des journalistes, des éditeurs de presse et des services de communication audiovisuelle, à identifier et promouvoir les contenus d'information produits par les entreprises de presse dans le référencement des contenus d'information. ». Ce qui veut dire que seul ce qui émane des organes de presse « officiels » peut être considéré comme information fiable.

D'un côté, le juge, de l'autre, les médias de référence. Comment le juge pourra-t-il s'assurer en 48 heures qu'une information est une information « vraie » plutôt qu'une « infox » ? Selon quels critères ? Et selon quels principes – moraux ou autres – le contenu des entreprises de presse ferait-il figure de référencement ? Des journaux tels que *L'Humanité* ou *Libération* seraient-ils du fait de leur statut plus dignes de confiance que certains sites d'information en ligne ? La télévision publique, financée avec l'argent des contribuables, serait-elle plus fiable que les autres chaînes ? Si l'on regarde le passé, rien ne plaide en faveur de nombreuses « entreprises de presse ». De la collaboration sous l'Occupation jusqu'aux sympathies pour l'URSS et pour d'autres dictatures, le bourrage de crâne proposé par une grande partie de la presse française fait partie de l'Histoire. Ces mêmes « entreprises de presse » ont torpillé l'implacable témoignage de Kravchenko et ont jubilé (surtout le quotidien *Le Monde*) lors de l'entrée des Khmers rouges dans Phnom Penh « libéré », tout en niant le massacre d'un tiers de la population. Pendant des dizaines d'années, le marxisme, l'anticapitalisme et le tiers-mondisme ont encore « guidé » la plupart de ces « entreprises de presse » dans leur œuvre de propagande. L'ouverture des archives de l'URSS, après la chute du rideau de fer, a révélé que de nombreux journalistes ont été recrutés par Moscou pour propager la « bonne parole communiste ». Aujourd'hui, l'antilibéralisme – qui va de pair avec l'anti-américanisme – le trop grand respect pour le pouvoir et pour tout ce qui vient de l'État, tout cela caractérise de nombreux hommes de presse qui, grâce à cette loi, reprendraient les clefs de l'information.

De plus, la loi exige des opérateurs de plateformes en ligne la transparence et leur demande de « rendre publique le montant des rémunérations reçues en contrepartie de la promotion de contenus d'information, ainsi que l'identité des personnes physiques ou morales desquelles elles les ont reçues lorsque ce montant est supérieur à un seuil fixé par décret. ». Quant aux subventions publiques et aux avantages fiscaux dont bénéficient la presse et les journalistes français, qui en parle ? En quoi les avantages accordés par l'État seraient-ils moins dangereux pour la fiabilité de l'information que les rémunérations données par des tiers ?

La loi sur les infox est liberticide. Elle ressemble parfaitement à une forme de censure imposée par le pouvoir. Pourtant, il ne peut pas y avoir d'information « vraie » cautionnée et approuvée uniquement par celui-ci. Les Français sont suffisamment responsables pour faire le tri. C'est justement l'abondance de l'information et la possibilité de s'en nourrir librement qui leur donnent les repères nécessaires. Sûrement pas l'État ou les politiques.

Très surprenants aussi ont été les propos, et particulièrement les annonces, de Françoise Nyssen, alors ministre de la Culture, concernant ces fameuses « infox » ou « fausses nouvelles ». Elle a affirmé que certains Français seraient « hautement réactionnaires » et que l'audiovisuel public se devrait de « changer les mentalités sur le terrain ».

Cela ne vous rappelle rien? En tout cas, c'était l'objectif du système totalitaire communiste qui voulait créer « l'homme nouveau », à l'image du parti et selon les écrits marxistes-léninistes. Les informations ne pouvaient donc provenir que des organes officiels et, forcément, elles devaient montrer une société parfaite, sans aucune tache. Toute autre source d'information ne pouvait être qu'une machine à... infox. Quiconque y faisait appel était un traître à la solde du capitalisme, passible d'un condamnation pour crime politique.

Je ne crois pas du tout que la « patrie des droits de l'homme » ait besoin de ce genre de mesures idéologiques qui transformeraient les Français. Par ailleurs, on se demande bien ce que Françoise Nyssen entendait par « réactionnaire »?

Je crois que la société française devrait reposer sur certaines valeurs : l'équité, la liberté et la responsabilité. Cette loi contre les « fausses informations » balaie tous ces piliers car elle met l'État dans la posture du décideur, du juge suprême, un rôle pour lequel il n'a nulle habilitation. C'est une décision autoritaire qui infantilise les Français.

Le « réactionnaire » que je suis a d'ailleurs été plutôt sensible à l'enquête concernant la ministre, lancée après que *Le Canard enchaîné* eut révélé que Françoise Nyssen, qui a dirigé Actes Sud avant de devenir ministre en 2017, avait augmenté de 150 m² la surface des locaux de cette maison d'édition à Paris « sans autorisation de travaux ni déclaration au fisc ». Or, une autorisation est nécessaire à partir de 20 m². Les travaux, réalisés dans un bâtiment du XVIIIe siècle inscrit à l'inventaire des Monuments historiques, auraient également dû faire l'objet d'une demande auprès des Bâtiments de France et de l'architecte en chef des Monuments historiques. Mieux vaudrait d'abord respecter la loi qui existe, avant d'en faire d'autres !

Qu'il soit malsain que l'État prennent en main la lutte contre les fausses informations est une chose. Qu'il faille les combattre n'en reste pas moins impératif, car elles peuvent causer de gros dégâts. Exemple avec l'incroyable feuilleton qui s'est déroulé aux États-Unis fin octobre 2018, juste avant les élections de mi-mandat. Digne des séries les plus palpitantes. D'un côté, le juge Brett Kavanaugh, proposé par le président Trump pour la Cour suprême, de l'autre, les sénateurs démocrates de la gauche « progressiste » opposés à cette nomination. L'opposition s'est transformée en une ignoble attaque contre l'homme Kavanaugh fondée sur des accusations de faits d'agression sexuelle qui auraient eu lieu il y a 36 ans. Malgré cette terrible cabale contre lui et en l'absence de preuves, Kavanaugh a été finalement confirmé à la Cour suprême. Mais le scénario élaboré pour le faire tomber devrait beaucoup nous inquiéter.

Cet aspect-là, peut-être, rappelle, sinon « l'atmosphère sombre des années 30 en Europe », pour reprendre une phrase souvent utilisée par certains opposants à l'administration Trump et totalement pernicieuse, du moins celle de la justice communiste. Ni slogans nazis ni bruits de bottes sur les avenues de Washington, mais quand même quelques effluves totalitaires, quelques souvenirs des fameux procès de Moscou des années 30, dont les méthodes ont été utilisées par la suite dans toutes les dictatures suivant la même idéologie. De quoi s'agit-il ? De procès spectacles qui mettent en scène des hommes désignés coupables par avance. Ils ne sont pas jugés pour ce qu'ils ont fait mais pour ce qu'ils sont d'après l'idéologie dominanante : des « ennemis du peuple ». Cela a été le cas aussi dans mon pays d'origine, la Roumanie, qui a connu le même type d'« épuration » durant la période de la Guerre froide. Les paysans « riches », les « bourgeois », les enfants de popes (prêtres orthodoxes), ceux qui faisaient partie des élites intellectuelles ou politiques ont été arrêtés et jugés pour « délit de classe ou d'origine ». Mon grand-père enseignait le latin et le grec ancien à l'Université lorsque les communistes sont arrivés au pouvoir, à la fin des années 40. Il a été mis à la porte, car il n'avait pas d'origines « saines » : il était fils d'intellectuels ! Il a été contraint de prendre un travail aux chemins de fer...

Le procès intenté par la gauche américaine au juge Kavanaugh reprend plusieurs de ces ingrédients des procès communistes. Sur le plan professionnel, on ne peut rien lui reprocher. Il a plus de 26 ans d'expérience, il a rendu environ 300 avis jamais contestés, dont une dizaine ont même été confirmés par la Cour suprême des États-Unis. Il a enseigné à la Harvard Law School et a travaillé à la Maison Blanche pendant la présidence de George W. Bush. Un parcours sans faute qui le désignait tout naturellement comme candidat pour un poste de juge à la Cour suprême.

Seulement, M. Kavanaugh cumule plusieurs défauts qui ne sauraient convenir à l'intelligentsia progressiste. Il est conservateur, catholique et il a été nommé par le président Trump. Ses qualités professionnelles étant inattaquables, il fallait passer son comportement à la loupe ; le mettre en cause en tant qu'homme. Le voilà donc épinglé comme « ennemi des femmes », une accusation très porteuse, un an après l'affaire Weinstein. Dans des conditions assez troubles, une lettre écrite par une femme qui déclare avoir été victime, il y a 36 ans, d'agression sexuelle de la part du juge arrive, fin juillet, sur le bureau de la sénatrice démocrate Diane Feinstein. Du pain bénit pour les démocrates qui ne rendent le courrier public que six semaines (!) après l'avoir reçue. Gagner du temps, c'est important à l'approche des *midterm*. La machine s'emballe. Pour les médias de gauche et les élus démocrates, la cause est entendue, le juge Kavanaugh est un « prédateur sexuel ». Deux autres témoignages apparaissent à point nommé pour conforter leur conviction, dont celui d'une femme qui accuse même le juge d'avoir fait partie d'un gang de violeurs. Eh oui, voici le catholique conservateur devenu un voyou de la pire espèce et un violeur en série, pour faire bonne mesure. Ces deux derniers « témoignages » n'ont pas vraiment été pris au sérieux mais le mal était fait. Qu'importe la réalité ? L'image est atteinte, on peut même dire souillée. Le juge, sa famille, ses amis, ont été humiliés par ces accusations graves, ces heures d'audition devant la Commission d'enquête du Sénat. Qu'importe que l'accusatrice ne soit que très faiblement crédible ? Trente-six ans après les prétendus faits, ses déclarations sont floues, elle est incapable de se rappeler quand et où ils ont eu lieu, et tous les témoins qu'elle a cités, y compris sa meilleure amie, ont déclaré ne se souvenir d'aucune « fête » qui aurait réuni l'accusé et sa victime. Mais sa parole a été écoutée, partout colportée. Beaucoup plus que la lettre de soutien au juge signée par soixante-cinq femmes qui ont travaillé avec lui.

Il fallait voir le juge lors des auditions, face aux personnalités politiques de gauche qui s'efforçaient de le peindre en fêtard alcoolique doublé d'une petite frappe pendant ses années de collège catholique. Ils auront sorti tout l'arsenal idéologique, utilisant la présomption de culpabilité comme bélier : cet homme ne peut être qu'un vil personnage, il faut le détruire, lui faire honte, à lui-même et à ses proches. Qu'il soit innocent ? Hors de question : leur stratégie ne permet même pas de l'envisager. Le sinistre Vychinski, le procureur des procès de Moscou, éructait contre les accusés, « les plus dépravés de toutes les créatures dépravées ». Bien entendu, les mouvements féministes ont sauté sur l'occasion pour organiser des manifestations et même faire pression sur des sénateurs, comme Ted Cruz et Jeff Flake, agressés par des militantes, le premier dans un restaurant, le deuxième dans un ascenseur.

La gauche américaine et les mouvements progressistes, avec la complicité de plusieurs médias, ont décidé de détruire Kavanaugh selon ces méthodes totalitaires. Malgré le manque de preuves, ils ont obtenu une nouvelle enquête du FBI : c'était la septième, les six précédentes n'avaient strictement rien trouvé de compromettant. Finalement, l'une des accusatrices, dont le témoignage était d'une assez écœurante précision anatomique, a reconnu avoir tout inventé. Le juge Kavanaugh a donc été blanchi.

Ce procès est un nouvel exemple des extrémités auxquelles peuvent mener les excès du terrorisme intellectuel. On ne réalise pas vraiment en France à quel point le langage et le discours du « politiquement correct » divisent la société américaine et se substituent trop souvent à la réalité. La gauche y a de fait récupéré la théorie de la lutte des classes du marxisme sous la forme de la tyrannie du genre et de la victimisation identitaire.

Les sénateurs républicains ont résisté à la pression. Les démocrates sont allés très loin, si loin que cela risque de se retourner contre eux. Et cela risque aussi de nuire aux mouvements et associations qui se battent pour défendre les femmes agressées, comme c'est le cas dans l'affaire Weinstein et dans bien d'autres. Cette instrumentalisation, largement médiatisée par la gauche américaine, n'aide sûrement pas les vraies victimes. En attendant, un homme, arbitrairement désigné comme « ennemi », a été traîné dans la boue selon des méthodes qu'on croyait oubliées dans les poubelles de l'Histoire.

L'élection du président américain actuel appuie parfaitement le constat déjà cité de Revel sur les journalistes, car l'anti-trumpisme primaire est devenu un sujet obligatoire dans les rédactions. Et elle est tout-à-fait révélatrice au moins sur deux plans. Elle a permis de constater de manière flagrante que les donneurs de leçons sont absolument incapables d'accepter quelqu'un qui n'est pas comme eux, autrement dit « progressiste », « cool », « bisounours » sur tous les sujets et notamment, dans le cas qui nous occupe, celui d'Obama. Et elle révèle bien leur tartufferie. Très drôle, par exemple, de les voir, eux et d'autres experts du même acabit, subitement se métamorphoser en adeptes du libre-échange simplement parce qu'ils sont contre Trump ! Avaient-ils réagi de la même manière en 2009 aux mesures protectionnistes de Barack Obama sur les pneus chinois ? Voici les faits. En 2009, l'administration de l'ancien président américain, sous la pression des fabricants de pneus américains, exige d'un coup des tarifs douaniers punitifs de 35 % (contre 4 % auparavant) sur ceux d'origine chinoise. L'argument était évidemment qu'il fallait sauver les emplois dans le secteur aux États-Unis. Une étude du *think tank* American Enterprise Institute a récemment quantifié le coût des quelque 1 200 emplois sauvés : 900 000 dollars par emploi en 2011, payés par le consommateur américain. Le protectionnisme américain a consisté à se « faire mal à soi-même » en tant que nation…

Car, bien entendu, ces 900 000 dollars « donnés » à l'industrie du pneu ont été perdus par d'autres industries ! Ce serait donc plus de 3 700 emplois *détruits* ailleurs. C'est la vieille histoire de la vitre cassée de Frédéric Bastiat... En outre, les producteurs américains de pneus ont-ils été les plus grands gagnants ? Non. Le plus drôle en effet est que ce sont les producteurs « non-chinois », mais pas plus nord-américains, au Mexique et en Asie, qui ont le plus bénéficié de cette baisse de la concurrence chinoise sur le sol américain... « Conséquences inattendue » là encore.

Prompts à sauter sur Trump, les donneurs de leçons se font plus discrets dès lors qu'il s'agit critiquer les gauchistes déments qui, au nom du politiquement correct et de la censure multiculturelle, démolissent les statues aux États-Unis, y compris celle de Christophe Colomb. Combien de reportages a-t-on vu à la télévision sur ces énergumènes qui veulent changer l'Histoire de l'Amérique ? Il est heureux que les journalistes à l'origine d'infox ne restent pas anonymes ; on connaît maintenant beaucoup de noms La liste ne cesse de s'allonger ; certains appartiennent à de grandes chaînes comme ABC ou CNN ; on y voit même apparaître un ancien Pulitzer !

Ceux qui avaient repris – bêtement et surtout idéologiquement – les conclusions de la fausse étude de

2012 faisant état d'un excès de tumeurs chez des rats nourris avec du maïs génétiquement modifié ont-ils été sanctionnés ? Ont-ils démissionné ? Six ans plus tard, une étude plus rigoureuse a pourtant invalidé ces résultats inquiétants. En juillet 2018, un reporter américain du journal *The Republican* a démissionné pour bien moins que ça : il avait accusé à tort un tireur criminel d'être un fan du président Trump. « J'ai déshonoré mon métier », a-t-il écrit avec courage. Exemple qu'il faudrait retenir... À quand les mêmes démissions en France ?

Les journalistes ne peuvent pas être tous bons, mais la presse a le devoir de nous informer et non de faire du militantisme. En France, elle bénéficie même de subventions publiques, ce qui est une absurdité. Les montants en ont été publiés par le ministère de la Culture en mars 2018. Voici les chiffres concernant les aides versées aux journaux de la presse écrite en 2016 :

Libération : 6 376 144 € ;
Ouest France : 5 787 718 € ;
Le Figaro : 5 778 283 € ;
Le Monde : 5 088 915 € ;
La Croix : 4 340 722 € ;
L'Humanité : 3 689 447 € ;
Le Journal du Dimanche : 1 332 356 € ;
Les Échos : 896 581 €

L'Express : 661 285 €

En Allemagne par exemple, il n'existe pas d'aides à la presse, mais une TVA plus avantageuse. La presse allemande serait-elle moins objective que la presse française ?

5.

TRANSPARENCE EN VITRINE : LES AFFAIRES SE TRAITENT DANS L'ARRIÈRE-BOUTIQUE

Lundi 17 avril 2017, Emmanuel Macron était l'invité de Jean-Jacques Bourdin sur RMC. Alors qu'il était censé répondre aux accusations concernant sa déclaration de patrimoine mais aussi à bien d'autres bruits sur ses véritables revenus, il a développé, comme le font souvent les personnalités politiques ainsi mises en cause, la théorie du complot.

Pour tenter de déminer le terrain, il annonce lui-même les rumeurs qui pourraient le concerner : « Certains de mes adversaires politiques ont décidé de diffuser de fausses nouvelles, de fausses informations. Ils vont dire cette semaine, vous allez entendre dire : "Monsieur Macron, il a un compte caché dans un paradis fiscal, il a de l'argent caché à tel ou tel endroit." C'est totalement faux. J'ai toujours payé tous mes impôts en France et j'ai toujours eu tous mes comptes en France ». À quoi cela lui sert-il d'affirmer qu'il n'a pas de compte caché avec la même force que M. Cahuzac ? L'IREF n'a pas évoqué de dissimulation de patrimoine, seulement des incohérences flagrantes dans sa déclaration. Or, il n'y répond pas. Pourquoi diable parle-t-il de comptes cachés ? Mieux, il s'embrouille dans ses explications. Il avait dit (*Journal du Dimanche* du 19 mars 2017) avoir eu pour 500 000 euros de travaux – une somme colossale pour des travaux – dans la résidence de sa femme et pour 250 000 euros dans leur appartement parisien. Ce lundi matin, il n'avoue que 300 000 euros au Touquet... peut-être pour atténuer les insuffisances probables de sa déclaration patrimoniale, liées à l'omission de la valeur de ces travaux dans ses actifs (pour tout ou partie de leur montant, on y reviendra). Mais voilà qui accroît encore l'importance de ses dépenses inexpliquées. D'autant plus curieux que, dans sa déclaration à la Haute autorité pour la transparence de la vie publique (HATVP), il a déclaré avoir fait un emprunt de 350 000 euros le 23 novembre 2011 pour effectuer ces travaux dans la résidence de sa femme. Il aurait donc emprunté 350 000 euros pour faire 300 000 euros de travaux. Bizarre, bizarre !

Face à Bourdin, il soutient désormais qu'il a utilisé son argent pour rembourser un emprunt de 500 000 euros. Or, le montant de l'emprunt contracté pour les travaux de sa femme indiqué s'élevait à 350 000 euros, non à 500 000 euros. Il a apparemment des problèmes de mémoire (inquiétants pour l'avenir de la France !). En effet, c'est pour acheter son propre appartement en juin 2007 d'une valeur de 890 000 euros dans le XVe arrondissement de la capitale, non loin du métro Pasteur (sur lequel, en outre, il a réalisé 70 000 euros de travaux d'après sa déclaration à la HATVP, et non 250 000 euros comme indiqué dans l'article du *JDD* cité plus haut) qu'il a contracté un emprunt de 550 000 euros (ultérieurement porté à 600 000 euros à la suite d'un refinancement). Mais il l'a, en toute logique, remboursé quand il a revendu son appartement quelques années plus tard et donc récupéré vraisemblablement peu ou prou sa mise… voire même certainement plus compte tenu de l'évolution des prix de l'immobilier parisien !

Plusieurs zones d'ombre concernent ses revenus perçus et l'importance de son patrimoine avant de devenir président de la République. Rappelons-en donc ne serait-ce qu'une partie.

Fin mars 2017, l'IREF se fait l'écho d'une étrangeté saisissante dans la déclaration de Monsieur Macron, tant d'ailleurs dans celle du 24 octobre 2014 que dans celle déposée le 16 mars 2017 ès qualités de candidat à l'élection présidentielle. Monsieur Macron a gagné 2 885 000 euros chez Rothschild entre 2009 et 2012. Lors de l'entrée en vigueur de la loi sur la transparence, il déclare à la HATVP, le 24 octobre 2014, un patrimoine net de 155 000 euros. Soit une disparition extravagante de près de 95 % des revenus considérés en l'espace de peu de temps ! Ses explications ne tiennent pas la route. Dans *La Croix* du 12 mars 2017, il assure ceci : « Comme banquier d'affaires, j'avais le statut d'indépendant. J'ai donc payé, sur le montant brut de ma rémunération, des cotisations sociales patronales, salariales, puis l'impôt sur le revenu. Ces cotisations ont augmenté et frappé mon dernier revenu de référence, au point que je ne gagnais plus assez pour payer mes impôts ». Il est douteux que cela corresponde à la réalité, car en tout état de cause le revenu qu'il devait déclarer à la HATVP n'est pas brut, avant cotisations, mais son revenu net imposable. Au surplus, les cotisations sociales des gérants sont, en règle générale, supportées par la société pour leur compte. Dans tous les cas, ces cotisations n'ont pas grevé son revenu de référence. Qui plus est, comment croire que celui qui est devenu depuis lors le plus haut personnage de l'État se trouve absolument incapable (!) de prévoir le paiement de ses impôts ? Enfin, et surtout, prétendre avoir dû payer un montant de contributions obligatoires quasiment égal à celui des rémunérations perçues n'est tout simplement pas sérieux. Son impôt sur le revenu n'a en fait guère pu excéder 1 000 000 d'euros, laissant donc probablement un montant net disponible après impôt de l'ordre de 1 800 000 euros. Et même si les revenus déclarés à la HATVP ont été retenus pour leur montant brut avant cotisations sociales, contrairement à ce qu'il est préconisé de faire, il devait alors sans doute lui rester plus ou moins 1 300 000 euros. « J'ai procédé à des travaux dans la maison de famille de mon épouse, partiellement financés par des emprunts bancaires qui ont tous été déclarés », a aussi affirmé M. Macron. Ces travaux, comme on l'a vu, auraient coûté 350 000 euros. Mais pourquoi n'a-t-il déclaré aucun avoir y afférent, par réciprocité ? Puisque les emprunts relatifs aux travaux ont été retenus au passif, et ce alors que la résidence du Touquet est un bien propre de son épouse, d'après ce qu'il dit lui-même, n'était-il pas tenu de constater en contrepartie la naissance d'un droit dont la valeur aurait dû être portée à l'actif ? La question se pose légitimement et fait naître à elle seule un doute réel sur la sincérité de ses déclarations de patrimoine. De fait, 350 000 euros, cela représente « une partie substantielle » de son patrimoine (70 % exactement !), qui aurait ainsi, à tout le moins, avec celui officiellement déclaré de 155 000 €, une valeur globale de 500 000 € Et même si ce droit ne devait être pris en compte que pour 50 % des sommes acquittées, en tant quc bien commun, il apparaîtrait encore une insuffisance de déclaration de 53 % (175 000 euros rapportés à 330 000 euros). Or, en vertu de l'article 26 de la loi du 11 octobre 2013 relative à la transparence de la vie publique, le fait d'omettre de déclarer une partie substantielle de son patrimoine constitue une infraction passible de sanctions pénales.

D'aucuns diraient, à l'instar de Martine Aubry qualifiant le programme électoral de François Hollande pour l'élection présidentielle de 2012 : quand c'est flou, c'est qu'il y a un loup ! Rappelons de surcroît que ces anomalies se déroulent au moment où le candidat Macron attaque les rentiers de l'immobilier et se prépare à transformer l'ISF (Impôt sur la fortune) en IFI (Impôt sur la fortune immobilière).

Intéressons-nous donc à d'autres zones d'ombre. Emmanuel Macron entre chez Rothschild & Cie fin 2008, après avoir entamé sa carrière professionnelle à l'inspection générale des finances, une fois diplômé de l'ENA en 2004 (promotion Léopold Sédar Senghor). D'abord directeur (2008-2009), il est ensuite devenu gérant (2010-2011), puis associé-gérant (2011-2012), avant de rejoindre l'Élysée en tant que Secrétaire général adjoint à la Présidence de la République (2012-2014), puis d'être nommé ministre de l'Économie (2014-2016). Rothschild & Cie, la société qui l'emploie, est une société en commandite simple (SCS). Il en devient associé en se portant acquéreur d'une part de commandité pour 16 euros le 11 février 2011 (part qu'il revendra pour le même prix le 15 mai 2012). En cette qualité – qu'il partage avec une vingtaine d'autres ayant tous une part chacun, et la société Rothschild & Cie Banque qui, elle, détient 98 730 parts – il a un droit sur une quote-part des résultats annuels de la société qu'il doit déclarer à l'impôt sur le revenu dans la catégorie des bénéfices industriels et commerciaux (BIC) comme s'il avait réalisé ces résultats à titre individuel. C'est ce que l'on appelle, dans le langage des spécialistes, le régime de la *translucidité fiscale*, ou encore de la *semi-transparence fiscale*.

Emmanuel Macron devient donc, à seulement 33 ans, et à peine plus de deux ans après avoir fait son entrée au sein de la prestigieuse banque d'affaires, l'un des vingt associés de Rothschild & Cie. Sans diminuer ses mérites et ses capacités, cette ascension fulgurante demeure tout de même peu commune. N'importe quel habitué de ce monde de la finance ne peut que s'en révéler extrêmement étonné. À titre de comparaison, Grégoire Chertok, l'un des banquiers d'affaires les plus en vue, aura mis, lui, pas loin de 10 ans (5 fois plus de temps !) pour être intronisé au même rang au sein de la célèbre maison de l'avenue de Messine. Qu'est-ce qui a permis à Emmanuel Macron de réussir ce tour de force hors normes ? De quels soutiens celui qui comptait déjà parmi ses proches des personnalités d'influence (telles qu'Alain Minc, Jacques Attali, Jean-Pierre Jouyet ou bien encore le richissime homme d'affaires Henry Hermand – qui fut son témoin de mariage à 83 ans, circonstance suffisamment rare pour être soulignée) a-t-il donc bénéficié et dans quel but ceux-ci se sont-ils mobilisés pour lui ? David de Rothschild pouvait-il ignorer que le postulant n'ambitionnait certainement pas de s'éterniser à ses côtés ? Et, s'il en était conscient, comme la chose est vraisemblable, pourquoi avoir malgré tout permis une promotion aussi rapide ?

Revenons à ses déclarations de patrimoine déposées à la HATVP, qu'il a effectuées une première fois en prenant ses fonctions de ministre en 2014 et ensuite en tant que candidat à la présidence de la République. Il déclare avoir gagné environ 2,9 millions d'euros avant impôt sur le revenu entre 2009 et 2012. C'est la période Rothschild, celle qui nous intéresse donc plus particulièrement. En 2014, il déclare « seulement » 155 000 euros de patrimoine net! Comment a-t-il donc pu gagner officiellement près de 2,9 millions et n'avoir plus que 155 000 euros en poche deux ans plus tard, même en tenant compte d'un montant d'impôt sur le revenu qu'il paraît raisonnable d'estimer à 1 million d'euros? Comment celui qui était appelé par ses collaborateurs le « *Mozart de la finance* » a-t-il pu dilapider 1,9 millions d'euros en moins de six ans, alors que son épouse percevait également des revenus (professionnels en tant que professeur de français et de latin, et patrimoniaux) et qu'il a été rémunéré, aussi bien avant d'endosser son costume de banquier d'affaires (inspection des Finances) qu'après en qualité de Secrétaire général adjoint de l'Élysée (sa déclaration à la HATVP fait ainsi état d'une rémunération cumulée à ce titre entre 2012 et son entrée au gouvernement de 370 000 euros) ? A-t-il « flambé » plus de 6 500 euros par semaine indépendamment des impôts qu'il a eu à payer, soit 26 000 euros par mois, et ce de manière ininterrompue pendant quatre ans (2011-2014) ? « Il a vécu pendant ses années Rothschild sur un grand train de vie, reconnaît un proche de l'ancien ministre. Emmanuel Macron ne se cache pas d'une chose : depuis qu'il est entré en politique, il s'est appauvri… » (*Journal du Dimanche* du 19 mars 2017 déjà cité). Difficile à croire… D'autant plus qu'avec ses responsabilités, d'abord chez

Rothschild puis à l'Élysée, trouver du temps libre et des occasions d'être aussi imprudemment dépensier paraît inimaginable pour un travailleur acharné tel qu'est réputé l'être le chef de l'État. Dans son livre *L'ambigu Monsieur Macron, enquête sur un ministre qui dérange* (Flammarion Enquête) dont on reparlera plus loin, Marc Endeweld rapporte ainsi que le jeune banquier conquiert sa légitimité chez Rothschild « à force de travailler jour et nuit ». D'ailleurs, l'intéressé ne déclarait-il pas lui-même à *Libération*, le 17 septembre 2012, pour expliquer ses années dans la finance : « L'idée était aussi de me mettre à l'abri financièrement. J'ai pas de goûts de luxe, ni de gros besoins, mais j'accorde beaucoup de prix à mon indépendance » ? Voilà donc un profil bien éloigné du consommateur compulsif qu'aurait prétendument été l'ancien ministre de l'Économie avant de s'installer à Bercy. Vraiment, l'histoire de l'énarque devenu brillant inspecteur des finances, avant de faire partie des meilleurs banquiers d'affaires puis des plus proches conseillers de François Hollande (pour les questions économiques au surplus), mais qui se trouve être un véritable « panier percé » incapable de gérer son propre patrimoine, non, vraiment cela ne tient pas.

Autre interrogation, Emmanuel Macron déclare avoir touché 291 000 euros de revenus de capitaux mobiliers (RCM) en 2011 et 270 000 euros en 2012 qui correspondent, indique-t-il dans sa déclaration à la HATVP, aux « dividendes dans les sociétés du Groupe Rothschild dont (il était) associé ». Au vu du patrimoine qu'il a déclaré on ne comprend pas d'où proviennent ces revenus substantiels. En premier lieu, Rothschild & Cie dont il détenait une part en qualité d'associé-gérant ne peut pas, techniquement, lui avoir distribué des RCM, eu égard à son statut de SCS (société en commandite simple) relevant de l'impôt sur le revenu. Seules les sociétés assujetties à l'IS le peuvent, telles que, pour l'essentiel, les SA (sociétés anonymes), les SAS (sociétés par actions simplifiées) et les SARL (sociétés à responsabilité limité). En second lieu, on ne trouve trace d'aucune somme dans ses déclarations produites à la Haute autorité pour la transparence de la vie publique pouvant correspondre au prix de vente d'actions ou de parts sociales susceptibles d'avoir généré des montants aussi importants de dividendes. Si l'on postule un taux de rendement de 3 %, on obtient en effet une valeur de titres représentant plus de 9 millions d'euros en « prix de marché » (et 15,6 millions d'euros pour un taux de rendement annuel plutôt très performant de 5 %). Or, aucun dividende n'ayant été déclaré avant 2011 ni après 2012, il s'en déduit à l'évidence que le jeune trentenaire est entré en possession du support lui donnant droit à ces revenus en même temps qu'il est devenu associé de Rothschild & Cie, pour s'en dessaisir au moment de rejoindre l'Élysée. Quel est ce support? Moyennant quelles modalités juridiques et financières l'a-t-il acquis, puis cédé? Quelle était la raison d'être du droit à dividendes attaché? Sachant que dans ce type de structures dites de *partnership* les associés se rémunèrent ordinairement sur les bénéfices dégagés par leur activité dans la société (ici, en l'occurrence, les BIC déjà évoqués auparavant), est-ce pour des raisons d'optimisation sociale et fiscale? Face à ces questions, les explications apportées ne sont guère convaincantes. Pour s'en tenir de nouveau à l'article du *Journal du Dimanche* du 17 mars 2017, voici ce que l'on peut lire : « C'est l'équivalent d'un dividende unique d'une action qui n'a aucune valeur ». Voilà ce qu'aurait expliqué une source bancaire au *JDD*. Ce qui ne veut strictement rien dire.

Bizarre, bizarre... Quand c'est flou, c'est qu'il y a un loup!

Et puis, reste l'accord trouvé entre Pfizer et Nestlé : le 1er décembre 2012, Nestlé annonçait avoir finalisé, la veille, l'acquisition de Pfizer Nutrition pour 11,85 milliards de dollars, soit environ 9 milliards d'euros, renforçant ainsi sa position mondiale en nutrition infantile. C'était l'aboutissement des procédures règlementaires qu'il avait été nécessaire d'engager dans la majorité des marchés au titre d'un accord entre le géant suisse de l'agroalimentaire et le groupe pharmaceutique américain, dont la conclusion avait été officialisée sept mois plus tôt.

Cette opération, Emmanuel Macron l'a menée de bout en bout. C'est même lui qui apporta le dossier à Rothschild, grâce aux liens qu'il avait noués avec le patron de Nestlé, Peter Brabeck, dans le cadre de la commission Attali pour la libération de la croissance française. Au préalable, la banque n'avait jamais travaillé pour l'industriel. Marc Endeweld raconte très bien l'histoire dans son livre (*L'ambigu Monsieur Macron, enquête sur un ministre qui dérange*, Flammarion Enquête). En dépit de nombreuses embûches, c'est bien Nestlé qui gagnera la partie face à Danone alors conseillé par Lazard, la banque de Matthieu Pigasse. Mais il aura fallu pour cela qu'Emmanuel Macron redouble d'efforts et fasse preuve d'une ténacité sans faille. À tel point que c'est au tout dernier moment qu'il réussira à convaincre Peter Brabeck de revoir son offre à la hausse. Et Marc Endeweld de rapporter cette anecdote : « Macron apprend, par une fuite au conseil d'administration de Pfizer, que l'offre de Danone est légèrement supérieure à celle de Nestlé. "J'ai le week-end pour convaincre Nestlé de remonter le prix. Si j'y arrive je suis riche !", confie-t-il à un ami. C'est là que toute sa persuasion va faire la différence ».

« Si j'y arrive, je suis riche ! ». De fait, on imagine aisément qu'un succès aussi retentissant a dû donner lieu à un confortable bonus, comme il est d'usage dans les banques d'affaires en pareilles circonstances. Et, puisque l'opération s'est achevée en toute fin d'année 2012, celui-ci a normalement dû être attribué en 2013 bien qu'il ait alors rejoint l'Élysée en tant que secrétaire général adjoint. Les statuts de Rothschild & Cie prévoient expressément ce cas de figure dans lequel un associé-gérant se retire avant la fin de l'exercice, et reconnaissent à ce dernier un droit à une quote-part du résultat dudit exercice l'année suivante. Problème : ses déclarations adressées à la HATVP en 2014 lorsqu'il devint ministre de l'Économie ne font rien apparaître de semblable.

162 120 euros de rétribution perçue à raison de son nouvel emploi aux côtés du président Hollande, voilà tout ce qui est déclaré au titre de 2013. On observe également que les sommes gagnées l'année même de réalisation de l'opération sont à peu près égales à celles qui ont été perçues en 2011. Certes, pour quatre mois d'activité seulement chez Rothschild en 2012, contre douze l'année précédente. Pourtant, si la constatation interpelle, on peine à croire que l'explication tienne à l'existence d'une sur-rémunération liée à la transaction en cause (et versée d'avance en quelque sorte). L'hypothèse paraît en effet

fort peu probable, ne serait-ce qu'au regard de l'invraisemblable disproportion entre les montants considérés (270 000 euros de revenus de capitaux mobiliers et 720 000 euros de bénéfices industriels et commerciaux) – lesquels intègrent nécessairement en outre ses gains normaux d'associé-gérant (c'est-à-dire hors prime exceptionnelle) – et celui du fameux contrat (9 milliards d'euros).

Doit-on par conséquent en conclure que de bonus, il n'y eut point ou relativement peu ? Difficile de le concevoir.

Le rachat, « contribuera de manière positive au modèle Nestlé, à la fois pour la croissance et les marges », a souligné à l'époque le groupe. Ce dernier a estimé le chiffre d'affaires 2012 de Pfizer Nutrition à 2,4 milliards de dollars et les analystes de la banque Vontobel avaient prédit qu'une telle acquisition augmenterait le bénéfice par action de 1,5 % en 2013. Le numéro un mondial de l'alimentation disposait à l'époque et, depuis la vente en 2010 d'Alcon à Novartis pour 51,6 milliards de dollars, d'importantes liquidités lui permettant de réaliser des acquisitions. Quant à Rothschild, on peut raisonnablement penser que la commission perçue a dû au bas mot être comprise entre 1 et 1,5 % du montant de la transaction, soit entre 90 et 135 millions d'euros – on sait qu'en pratique le taux des commissions appliqué par la banque peut grimper jusqu'à 3 % mais en général ce taux redescend à partir d'un certain seuil, ce qui a probablement dû être le cas ici. Des sommes qui donnent le tournis. Et c'est bien Emmanuel Macron qui s'est occupé de cette énorme acquisition du début à la fin, y compris en permettant à Rothschild d'élargir son portefeuille clients au géant vaudois.

Combien a-t-il réellement touché pour avoir conclu cette énorme affaire ? Nous avons enquêté dans le milieu des banques d'affaires les plus réputées. Banquiers, gestionnaires de fonds ou consultants : leurs gains peuvent dépasser plusieurs millions d'euros par an. Les rétributions versées dans la finance et le conseil dépassent, en moyenne, celles qui sont pratiquées dans l'industrie, sauf pour ce qui est des grands P.-D.G. Ainsi, Rothschild & Cie, Lazard, Goldman Sachs forment-elles le podium des banques sur le marché français des fusions-acquisitions. À leur tête, les *managing directors*, ou associés-gérants en fonction des structures, trouvent et négocient les contrats. Plus ceux-ci sont gros, plus les bonus grimpent, avec des rémunérations globales annuelles oscillant autour de 1,5 à 2 millions d'euros minimum… La formule de base est à peu près la même partout : il y a une partie fixe et des bonus. Banque d'affaires classique, grande banque d'investissement ou établissement universel avec un département spécialisé dans les fusions : chacun a ses propres règles pour calculer les primes annuelles de ses banquiers.

Chez Rothschild, dont nous avons consulté les statuts, les bénéfices sont répartis par strates entre les associés. C'est dans ce cadre que les intéressés perçoivent l'intégralité de leur rémunération, bonus compris selon toute apparence. Parmi ces différentes strates, il en est une, constituée d'une grande partie des bénéfices, qui est ainsi réservée à certains associés désignés chaque année. On devine sans peine qu'il ne s'agit pas systématiquement des mêmes, ni des gagnants d'un tirage au sort, mais évidemment des plus performants. Et dès lors, comment croire que celui qui pilota sûrement le plus gros contrat de l'année 2012 après l'avoir « apporté sur un plateau » au 23 bis, avenue de Messine ait pu ne pas faire partie des heureux élus, et même des plus gâtés d'entre eux ?

D'après nos informations, chez Rothschild, en moyenne, un associé-gérant qui rapporte 5 millions d'euros de commissions à la banque en reçoit entre 6 et 8 %, soit de 300 000 à 400 000 euros de bonus. En faisant un calcul très simple, et en prenant un pourcentage *a minima*, on trouve que pour un « deal » à 9 milliards d'euros, la banque a dû encaisser une commission d'une centaine de millions d'euros, voire d'avantage (1 % au moins). Partant de là, l'artisan de l'affaire, Emmanuel

Macron, a pu plausiblement se voir octroyer entre 6 et 8 millions d'euros de rétribution exceptionnelle. Ce n'est pas le constat que l'on dresse à la lecture de ses déclarations de patrimoine, puisqu'au contraire celles-ci ne font assurément état d'aucune gratification exceptionnelle allouée en 2013. On débouche alors sur une conclusion tout à fait irréaliste.

Si l'on s'efforce d'imaginer que notre *top dealmaker* a été récompensé l'année même de la réalisation de l'opération (2012) – ce qui est loin d'aller de soi – et que les revenus déclarés cette année-là sont constitués en intégralité de la rémunération exceptionnelle à laquelle il pouvait légitimement s'attendre – ce qui relève indubitablement d'une pure hypothèse d'école – on aboutit à un bonus représentant moins de 1 % du montant probable de la commission bancaire, et 0,01 % de celui du contrat de fusion-acquisition lui-même. Qui peut croire à une fable pareille ?

D'importants revenus ont-ils donc été omis ? Le mystère s'épaissit.

Et ce n'est pas fini. Dernière zone d'ombre dont nous voulons dire quelques mots, l'énigmatique volatilisation des actions *Financière Rabelais*. Au printemps 2012, le groupe Rothschild met en place une vaste réorganisation capitalistique passant, notamment, par la réalisation de multiples apports de titres. Dans ce cadre, il est prévu que M. Macron apporte à une société du groupe, comme ses pairs, des actions qu'il détient dans une autre, la SAS Financière Rabelais. Très précisément, ce sont vingt actions de cette société qu'il lui faut apporter, pour une valeur totale de 372 187,20 euros. En échange, il doit recevoir des actions de la société bénéficiaire de l'apport pour une valeur identique. Seulement voilà, ces actions Financière Rabelais, il ne les apportera jamais. L'opération se fera finalement sans lui. Sans doute n'était-ce pas compatible avec son arrivée à l'Elysée, dans la foulée de l'élection de François Hollande au même moment. Et à sa place, deux autres associés de Rothschild & Cie, dont on sait par ailleurs qu'ils l'étaient devenus le même jour que lui, fin 2010 (des camarades de promotion en quelque sorte), apporteront chacun dix actions de plus qu'initialement prévu. Nul besoin d'être grand clerc pour saisir que lesdites actions ont donc soudainement changé de mains, juste avant d'être apportées par les deux intéressés en remplacement de leur précédent détenteur. Dans quelles conditions, on l'ignore en revanche. Mais il est évident que le futur chef de l'Etat n'a pas pu s'appauvrir de ce fait. Deux ans après, en 2014, ce sont donc 370 000 euros de plus qui ont étrangement disparu de son patrimoine.

Résumons : 350 000 euros de travaux financés dans la résidence secondaire de son épouse au Touquet n'ayant donné lieu à la déclaration d'aucun droit réciproque en sa faveur. Plus de 3,2 millions d'euros officiellement gagnés entre 2009 et 2014 s'étant traduits, au terme de cette période, par la formation d'un patrimoine particulièrement modeste de 155 000 euros. 560 000 euros de dividendes au total entre 2011 et 2012 dont on ne sait à quelles valeurs mobilières ils se rattachent, ni comment il les a acquises puis cédées, et qui interrogent quant à l'importance de leur montant par rapport aux gains d'activité BIC perçus au cours de la même période (les premiers représentant 40 % des seconds). La direction d'un deal à 9 milliards d'euros sans bonus corrélatif conforme aux pratiques de marché, selon toute vraisemblance. Des actions d'une valeur de 370 000 euros qui se sont brusquement volatilisées.

Notons encore ce commentaire de Grégoire Biseau, dans un article de *Libération* publié le 26 août 2014 (« Le symbole de la Macron-économie ») : « depuis son passage par Rothschild, suffisamment riche pour être à l'abri du besoin jusqu'à la fin de ses jours ».

Avec un patrimoine de 155 000 euros, vraiment? Avec un patrimoine qui, lorsque le remplaçant d'Arnaud Montebourg au poste de ministre de l'Économie démissionnera à son tour de ses fonctions fin août 2016, sera à peine supérieur à 60 000 euros si nos informations sont exactes, vraiment ? Avec un patrimoine qui, en mars 2017, n'excèdera pas 310 000 euros, malgré un actif nouveau constitué d'une créance de 274 000 euros sur droits d'auteur pour la publication de son livre « *Révolution* » – le montant net de ses seuls avoirs issus de ses années Rothschild puis de celles passées à l'Elysée et à Bercy dépassant donc tout juste 35 000 euros – vraiment ?

Enfin, il est à remarquer que sa campagne présidentielle a été financée au moyen d'emprunts bancaires de plusieurs millions d'euros, souscrits directement par le candidat en son nom propre, et ayant donné lieu à diverses sûretés octroyées par des tiers. Cette situation atypique – en règle générale c'est le parti qui emprunte aux banques et qui prête ensuite au candidat – est due à une exigence des établissements prêteurs. Ceci est assez surprenant vu le maigre patrimoine de l'intéressé qui n'offrait, à ces derniers comme aux garants, que quelques centaines de milliers d'euros de capacité de remboursement en cas d'absence de prise en charge de ses dépenses de campagne par l'État.

En guise de conclusion – provisoire – voici ce que la Haute autorité pour la transparence de la vie publique précise dans chaque déclaration de patrimoine préimprimée, juste avant la signature du déclarant et la certification sur l'honneur par celui-ci de l'exactitude des renseignements indiqués dans la déclaration :

« Il est enfin rappelé que le code pénal punit d'une peine de trois ans d'emprisonnement et de 45 000 € d'amende le fait d'omettre de déclarer une partie substantielle de son patrimoine ou de fournir une évaluation mensongère de son patrimoine, et d'une peine d'un an d'emprisonnement et de 15 000 € d'amende le fait de ne pas communiquer les informations et pièces utiles à l'exercice de la mission de la Haute Autorité pour la transparence de la vie publique.

Peuvent être prononcées à titre complémentaire de la première de ces peines l'interdiction des droits civiques selon les modalités prévues aux articles 131-26 et 131-26-1 du code pénal ainsi que l'interdiction d'exercer une fonction publique selon les modalités prévues à l'article 131-27 du même code ».

Lors de ses vœux télévisés, Emmanuel Macron a dénoncé le « capitalisme ultralibéral et financier, trop souvent guidé par le court-terme et l'avidité de quelques-uns ». Tiens, tiens…

À l'Assemblée, postulons tous !

Le président n'est pas le seul à souffrir de relations un peu troubles avec la transparence. L'Assemblée nationale n'aime pas beaucoup non plus que l'on s'intéresse de trop près à sa cuisine, que ce soit à son administration, à ses avantages ou à ses privilèges. Dans quel autre pays du monde le fonctionnaire de l'Assemblée est-t-il mieux payé que le député ? Aucun. Il n'y a qu'en France. Intitulé « Quelle administration parlementaire en 2022 ? », le rapport réalisé par deux secrétaires généraux a pour but de préciser les orientations d'une réforme et dévoile une grande partie des nombreuses facilités dont bénéficient les fonctionnaires parlementaires. Derrière la langue de bois inévitable dans ce genre de rapport se cache une impressionnante quantité d'informations sur le train de vie de l'administration de l'Assemblée nationale : salaires, primes, indemnités, forfaits, avantages fiscaux, congés, retraite… Les privilèges sont très impressionnants et confirment les éléments de l'étude réalisée par l'IREF en mai 2018.

Ses auteurs précisent toutefois qu'il reste beaucoup de points à éclaircir, surtout concernant les rémunérations et les primes. En effet, de nombreuses zones d'ombre persistent dont il faudra peut-être bien connaître la teneur un jour... Si même les secrétaires généraux de l'Assemblée n'ont pas le droit d'être mis au courant, où va-t-on? Regardons donc d'un peu plus près tous ces privilèges digne d'une noblesse d'État.

- *Des salaires très élevés par rapport aux fonctionnaires de la fonction publique d'État (FPE), jusqu'à 2,5 fois supérieurs.* À affectation équivalente, les assistants de direction gagnent 2,4 fois plus que leurs homologues de la FPE (83 100 € annuels contre 34 700 €) et les agents de l'Assemblée 2,5 fois plus que les adjoints administratifs de l'État (67 800 € contre 26 945 €). Donc : 5 500 euros brut par mois sans compter les primes (64 % en moyenne) pour les salaires de base, ce qui représente un salaire de base à partir de plus de 6 000 euros net par mois (p. 31-33). Pour rappel, l'indemnité d'un député est de 5 373 € net par mois et le SMIC mensuel brut est à 1 498,47 euros.
- *Absence de grilles de salaires flagrante et assumée* : « L'Assemblée nationale n'a pas fait le choix d'individualiser la rémunération en fonction des affectations des fonctionnaires et des sujétions qui y sont attachées » car une telle pratique est « difficile à envisager pour les membres du corps généralistes » (p. 33).
- *Reconnaissance d'un taux de primes hors norme* : « Le poids des primes et indemnités est particulièrement

élevé par rapport aux traitements. Ainsi le régime indemnitaire des fonctionnaires de l'Assemblée nationale représente environ 64 % de leur rémunération brute » contre « en moyenne 22 % pour les fonctionnaires de l'État » (p. 31).

- *64 % de prime est une moyenne* : Une partie des fonctionnaires touche des primes mirobolantes lorsque d'autres perçoivent de plus faibles, mais toujours élevées en comparaison de la FPE. Si l'on applique cette moyenne au net le plus bas (3 780 €), on atteint sans difficulté 6 000 nets par mois (p. 32).
- *Primes de nuit accordées à tout le monde* : François de Rugy a reconnu que les heures de nuit et les sessions extraordinaires étaient bel et bien payées, même si les fonctionnaires n'étaient pas présents : « Si on ne siégeait jamais la nuit, jamais le week-end, ce qui n'est pas le cas, en effet ce serait des primes qui seraient versées en compensation de quelque chose qui n'a pas existé » (p. 31-32 – et *Paris Première*, 13 juin 2018).
- *Forfait (ICSS) plus élevé que dans l'ancien fonctionnement par prime* : Il est constitué de deux éléments comptables, « une part de base et une part complémentaires correspondant à un forfait de 165 Indemnités de Travaux Supplémentaires annuelles » (p. 32), soit la moyenne des ITS versées sur la période 2011-2015).

Son total est donc variable pour une partie. Il est plus élevé de 2,28 millions d'euros en 2017 par rapport à 2016 (48 893 470 € contre 46 604 099 €)

- *Exonération fiscale sur l'IR des cadres de l'Assemblée nationale* : Il s'agit de l'Indemnité compensatrice de l'abattement supplémentaire de 20 % sur les revenus imposables » (p. 33). Cette indemnité concerne ceux qui sont « rentrés dans les cadres avant 1999 » (c'est-à-dire les administrateurs) : 20 % de l'impôt sur le revenu effectivement payé au titre des revenus de l'année précédente sont reversés en prime. Sa suppression est envisagée.
- *Possibilité pour les fonctionnaires de prendre 10 semaines congés par an.*
- *Des congés de fin de carrière particulièrement généreux* :
  - La pension proportionnelle avec jouissance immédiate et cumulable : tous les fonctionnaires réunissant au moins 15 années de services peuvent demander à bénéficier de cette pension lorsqu'ils arrêtent de travailler. D'après le rapport, « rien ne justifie ce mécanisme dérogatoire au droit commun qui peut, dans certains cas, conduire l'Assemblée nationale à verser plusieurs dizaines d'années une pension cumulable avec un revenu d'activité » (p. 38-39)

- Le congé spécial (supprimé dans la FPE) permet aux administrateurs ou aux rédacteurs de comptes-rendus « âgés de plus de 55 ans de continuer à percevoir pendant cinq ans au maximum leur traitement de base et la part fixe de l'indemnité compensatrice de sujétions de services (ICSS) avant d'être admis à la retraite » (p. 39).
- La cessation progressive d'activité (CPA) permet aux fonctionnaires de plus de 55 ans (sauf directeurs et conseillers-chefs de division) « de travailler à mi-temps tout en percevant 80 % du traitement de base et des indemnités fixes et 50 % de la part complémentaire de l'ICSS » (p. 39).

• *« L'accès à l'emploi d'agent, par voie d'examen professionnel, pour les conjoints de fonctionnaires décédés »* (p. 43).

Récapitulons ! Salaires à partir de 6 000 euros net par mois, primes de nuit même s'il n'y a pas de travail de nuit, 10 semaines de congés, prêts très avantageux, départ à la retraite à partir de 55 ans, etc. Qui dit mieux ? Un autre rapport réalisé par le rapporteur général Philippe Vigier est rendu public pratiquement au même moment. Après avoir passé en revue la présidence de la République, le Sénat et les chaînes parlementaires, le Conseil constitutionnel et la Cour de Justice de la république, le rapporteur s'est penché sur le budget de l'Assemblée nationale. Il a observé, entre autres, une hausse des dépenses, liée surtout aux indemnités de licenciement des attachés parlementaires (changement de majorité en 2017), ainsi qu'à une caisse de pension des députés encore largement alimentée avec de l'argent public : « L'Assemblée nationale aura dû verser en 2017 une subvention d'équilibre de 43,13 millions d'euros à la caisse de pensions des députés, contre 36,73 millions en 2016, soit une hausse de 17,43 %. ».

Concernant la fonction publique parlementaire, le rapporteur a pu établir que les rémunérations représentent environ 124 millions d'euros pour 1 200 employés (contractuels compris), ce qui revient à 100 000 euros par employé en moyenne. Mais il n'a pas pu obtenir ce qu'il voulait. Dans la partie intitulée « L'obstruction faite aux demandes du rapporteur spécial », il énumère les pièces demandées : « Liste des quarante premiers traitements de fonctionnaires ou de contractuels (cette demande ne vise pas à jeter l'opprobre sur les fonctionnaires ou contractuels qui en bénéficient mais à comprendre la manière dont sont construites ces rémunérations et à apprécier leur justification) ; liste des logements de fonction ; modalités de calcul des primes des fonctionnaires, leur régime de congés, leur temps de travail ; existence ou non d'un compte épargne-temps ; rémunération du déontologue de l'Assemblée nationale, nature et coût des moyens qui lui sont attribués ; liste des dix voyages ou déplacements les plus coûteux en 2017 ; liste des dix réceptions et événements les plus coûteux en 2017 ; liste détaillée et chiffrée des appartements accordés aux questeurs (véhicules, appartements de fonction, personnel) et utilisation de ces moyens en 2017, avec notamment le taux d'occupation des appartements de fonction ; note sur le fonctionnement de l'association pour la gestion des restaurants administratifs de l'Assemblée nationale (AGRAN) ; liste des dix premiers contrats de prestataires (il s'agit ici pour votre rapporteur spécial de s'assurer que l'Assemblée nationale, qui impose des règles strictes aux entreprises et aux collectivités territoriales en matière de marchés publics, se conforme à ces mêmes règles avec rigueur) ; hôtel de Broglie : éléments sur la négociation du prix d'achat et l'évaluation du prix des travaux. ».

L'administration n'a fourni que des réponses « dans leur grande majorité lacunaires ou imprécises [et qui] ne sont parvenues que plus d'un mois après. » Probablement épuisée par cet effort surhumain, elle n'a même pas répondu à une nouvelle liste de questions. Pas plus que le président de l'Assemblée, François de Rugy, sollicité par le rapporteur spécial. Pire encore, le président de Rugy invoque un échange de courrier avec les questeurs qui, se référant au règlement interne de l'Assemblée, mettent (étrangement...) en doute le rôle de ce rapporteur. Un rôle dont les questeurs du Sénat, eux, n'ont pas douté. Le règlement de l'Assemblée nationale aurait donc une valeur juridique supérieure à celle de la LOLF (Loi organique relative aux lois de finances) ! Opacité totale, refus de communiquer les documents internes, la fonction publique parlementaire a beaucoup à cacher et vit au-dessus des lois. Imaginons qu'il s'agisse d'une entreprise privée : pourrait-elle cacher ses comptes et refuser de communiquer les documents demandés par l'Urssaf ou les inspecteurs des impôts ?

Ce rapport du député Philippe Vigier en est la preuve : l'administration de l'Assemblée tient farouchement à préserver son monde de privilèges. Son mépris pour les élus du peuple est encore plus inquiétant dans une démocratie comme la nôtre. La transparence et la réforme sont vraiment nécessaires. À quoi sert-il de commander des rapports si c'est pour les mettre à la poubelle, comme l'a fait le président de l'Assemblée nationale, qui n'a pas suivi les recommandations formulées par les deux secrétaires généraux ? Malgré le scandale des privilèges dont bénéficient les fonctionnaires de l'Assemblée, François de Rugy a reculé sur tous les points proposés dans la « réforme » adoptée par le bureau de l'Assemblée du 11 juillet 2018.

Il n'a pas externalisé des services actuellement exercées par les agents de l'Assemblée, comme le standard téléphonique, l'équipe de chauffeurs ou encore la gestion des visites de groupes. Le recours aux contractuels, que les secrétaires généraux ont proposé d'étendre, reste marginal. « La primauté de la fonction publique parlementaire » recrutée par concours reste d'actualité. Les administrateurs ont exprimé la crainte de voir des contractuels ou des fonctionnaires venus de la fonction publique d'État prendre les postes « valorisants » (pas compliqué de comprendre qu'il s'agit des postes qui bénéficient de beaucoup d'avantages). Sur le sujet ultrasensible des rémunérations, rien ne change pour les fonctionnaires en place. On annonce simplement des « négociations avec les syndicats » concernant les rémunérations des nouveaux entrants... La question des retraites est renvoyée à 2020, après l'adoption du projet de loi préparé par Jean-Paul Delevoye.

On maintient donc les mêmes dépenses faramineuses payées par les contribuables pour entretenir une véritable caste d'État. Un autre grand scandale de la République ! Et ce, alors que l'Assemblée nationale supporte les frais de personnel les plus importants d'Europe ! Leur coût, pour ses 1 278 employés (fonctionnaires, contractuels et autres) s'élève à 175 millions d'euros, soit 31 % du total de ses ressources. Un montant presque deux fois supérieur à celui des frais du Bundestag, qui emploie pourtant deux fois plus de personnes ! Un simple calcul nous montre que le coût moyen d'un employé de l'Assemblée nationale est de 136 932 euros par an. Contre 60 665 euros par an pour un employé du Bundestag. Soit 2,25 fois plus !

L'Administration de l'Assemblée n'est cependant pas seule responsable de l'opacité qui l'entoure et la protège. Il aura fallu moins de 72 heures et quelques dizaines de lignes au journaliste de *L'Express* qui la « couvre » pour vérifier tous les documents, chiffres, statistiques et comparaisons internationales des 36 pages de l'étude de l'IREF sur son fonctionnement. Normalement, cela vaudrait un prix Pulitzer à titre exceptionnel pour un Français ! Nous, pauvres tâcherons, avons mis plusieurs mois à essayer de rassembler les informations qui ont permis de réaliser notre étude. Alors, de notre point de vue, ce sera plutôt le prix des Pieds nickelés. Car le journaliste Jean-Baptiste Daoulas « couvre » le sujet sans comprendre, ou sans vouloir comprendre ; ou alors, on lui a soufflé ce qu'il faut comprendre, ce qui serait beaucoup plus grave (mais pas si étonnant que cela, lorsqu'on sait que son frère est attaché parlementaire du porte-parole de la majorité).

Quelques précisions s'imposent d'emblée. Si la « couleur » de notre *think tank* ne plaît pas au journaliste de *L'Express*, c'est tout à fait son droit. Dommage, d'un point de vue déontologique, que ses opinions l'empêchent de se montrer impartial. Toutefois, l'IREF ne publie pas des articles et des études en fonction de sa « couleur », comme un parti politique, mais en fonction d'analyses argumentées. Et la direction de l'IREF n'a jamais « pris ses distances » avec l'auteur de l'étude, comme l'a affirmé M. Daoulas, insinuant que nous doutions de son travail. La preuve ici même !

Avant d'affirmer que notre étude était « bidon », M. Daoulas aurait pu déjà prendre le temps de se renseigner sur un rapport de la Cour des comptes de 2008 qui dénonçait déjà les scandaleux privilèges (salaires, primes, etc.) des salariés de l'Assemblée. En tant que journaliste, il aurait pu demander que ce rapport soit « déterré » et rendu public. N'était-il pas au courant, non plus, lui le spécialiste affecté à l'Assemblée, qu'un de ses confrères – Bruno Botella – avait publié en 2013 (réédition en poche en 2014) un livre d'investigation (*Petits secrets et Grands privilèges de l'Assemblée*) dénonçant lui aussi, entre autres, l'opacité régnant à l'Assemblée, les mirobolants salaires et primes des mêmes fonctionnaires ? Le Sénat lui aussi a été sur la sellette, il y a quelques temps (ah, les fameux privilèges des jardiniers...). Donc, tout cela n'aurait pas dû étonner un journaliste qui « couvre » l'Assemblée depuis quelques années. Il aurait même été assez naturel qu'il enquête lui-même, bien avant l'IREF, sur ce monde à part. N'était-il pas un peu intrigué par l'opacité qui règne autour des fonctionnaires de l'Assemblée ? N'avait-il pas trouvé suspect le fait que le rapport de la Cour des comptes n'ait jamais été rendu public ? Cela ne le choquait-il pas, que ces fonctionnaires puissent gagner plus que les élus du peuple ? Qu'il existe de considérables écarts entre le salaire d'embauche à l'Assemblée et les salaires dans le privé ? Que ces salaires mirobolants de nos fonctionnaires parlementaires soient beaucoup plus élevés que ceux d'autres fonctionnaires comme les instituteurs, les enseignants ou les infirmières ? Que les fonctionnaires des mêmes institutions de l'étranger gagnent beaucoup moins ?

N'a-t-il jamais été poussé par le prurit de l'investigation qui, en principe, titille les bons journalistes, n'a-t-il jamais soupçonné quelque chose d'« anormal » concernant les forfaits (primes) et le régime de retraite dont bénéficient les fonctionnaires parlementaires ? Apparemment pas. Mais le métier finira peut-être par rentrer ? Encore un effort, camarade !

Rappelons ce qu'écrivait Jean-François Revel (qui a été directeur de *L'Express*) dans ses *Mémoires* : « Je me suis fréquemment demandé pourquoi tant de jeunes gens désiraient avec tant de frénésie devenir journalistes si c'était, quand ils y étaient parvenus, pour faire aussi mal leur métier. Le talent, certes, n'est pas à la portée de tous, mais le travail oui ».

Bercy, l'imprenable forteresse

À Bercy aussi, on est très nombreux, on paie très bien et on distribue des primes à la pelle – souvent illicites comme le dénonce la Cour des comptes dans son rapport de janvier 2018. Malgré quelques efforts ces dernières années, les effectifs y sont largement supérieurs aux effectifs des ministères équivalents dans d'autres pays : 60 000 fonctionnaires de plus qu'au Royaume-Uni, 90 000 fonctionnaires de plus qu'en Allemagne et 10 000 fonctionnaires de plus qu'aux États-Unis ! La différence avec l'Allemagne et les États-Unis est encore plus importante lorsque l'on compare les populations : 67 millions d'habitants en France contre 80 millions en Allemagne et 316 millions aux États-Unis (64 millions, par ailleurs, au Royaume-Uni). Par rapport à l'Allemagne, il existe une autre grande différence concernant le statut du personnel. Sur les 54 000 employés du ministère français, 42 300 bénéficient du statut de fonctionnaires (37 650 aux Finances et 4 700 à l'Économie) ; au contraire de pratiquement 50 % du personnel des Affaires économiques allemand. Cette comparaison montre qu'au-delà du statut, les effectifs de Bercy sont bien trop importants. Pour être au même niveau que les pays comparés (et en tenant compte de la population), le gouvernement devrait supprimer entre 50 000 et 70 000 postes de fonctionnaires (ce qui équivaut à des économies de l'ordre de 2,8 milliards d'euros). La mise en place du prélèvement de l'impôt à la source aurait pu être la bonne occasion pour le faire. Hélas, il est à craindre que cette réforme ait pour seul objectif d'accélérer les rentrées fiscales, pas de simplifier le recouvrement, puisque le prélèvement à la source n'évitera pas aux contribuables de faire une déclaration de revenus.

Dans son rapport sur les rémunérations à Bercy, la Cour égrène un certain nombre de données accablantes dénonçant l'incohérence d'une politique caractérisée à la fois par le niveau « élevé » des salaires contrôlés et par l'importance excessive des écarts qu'elle creuse avec les autres services. Et la Cour de citer pêle-mêle principalement pour l'année 2015 (on note également quelques incursions sur 2014 et 2016) :

1. les 202 456 euros de rémunération nette moyenne annuelle (record absolu à 255 579 euros !) perçus par les administrateurs généraux des finances publiques de classe exceptionnelle ;
2. le nombre élevé (104, pas moins !) desdits administrateurs percevant une rémunération figurant dans le top 150 des deux Directions de l'action et des comptes publics, des douanes et des droits indirects ;
3. les 174 979 euros (record absolu à 207 061 euros) nets annuels que touchent en moyenne les contrôleurs budgétaires et comptables ministériels, en signalant que sept d'entre eux émargeaient également dans le peloton de tête précité ;
4. la particularité que 85 % des plus hautes rémunérations des ministères chargés de l'Économie et des Finances soient perçues par des agents exerçant des fonctions comptables (!) ;
5. le fait que 43 % des rémunérations annuelles nettes supérieures à 150 000 euros perçues à l'intérieur de toute la fonction publique d'État l'étaient par des administrateurs généraux des finances publiques ou des contrôleurs budgétaires et comptables ministériels, alors que tout le personnel des deux ministères impliqués représente en 2015 environ 6 % des effectifs de la fonction publique d'État ;

6. la rémunération annuelle d'un directeur régional des finances publiques, supérieure en moyenne d'environ 35 000 euros à celle d'un directeur d'administration centrale et encore de près de 8 000 euros à celle d'un directeur général ;
7. le fait que lors de la période couverte par l'enquête, la rémunération du directeur général des finances publiques pointait – ce qui semble, dans ce milieu très âpre au gain, plutôt à son honneur ! – seulement au 39e rang des salaires de sa propre direction et qu'il y avait « un écart de 95 % entre un administrateur général des finances publiques de classe exceptionnelle et un sous-directeur de groupe 3 ». Pas question pourtant de justifier ces « sur-rémunérations » par une quelconque sur-responsabilité, puisque la Cour prend soin de relever que « pour les comptables, compte tenu notamment des remises accordées par le ministre, le montant moyen annuel des sommes "laissées à charge" peut être estimé au plus à 610 euros ».

Aux dires mêmes de la Cour, ces rémunérations sont difficiles à justifier, surtout depuis que les réorganisations opérées à l'intérieur des finances publiques ont restreint sensiblement dans la pratique la responsabilité pécuniaire des comptables. Elle déplore que ces écarts injustifiés nuisent à la mobilité interne au sein des services. Mais il y a pire, comme l'indique ce qui suit.

La Cour ne cite pas moins de huit dispositifs distincts et dispendieux qui permettent à ces caciques de la fonction publique « d'arrondir » encore quelque peu leurs rémunérations, faisant fi des contraintes juridiques qui s'imposent au reste des mortels. Parmi les heureux bénéficiaires, rien que du beau monde : des administrateurs des finances publiques (de classe exceptionnelle ou pas !), des comptables d'établissements publics nationaux, des contrôleurs budgétaires et comptables ministériels, des administrateurs des douanes, d'autres agents des douanes œuvrant – ou pas – en outre-mer. Et, pour clore ce coûteux défilé, des conservateurs des hypothèques !

Que leur est-il reproché au juste ? Soit de percevoir des primes ou indemnités auxquelles ils n'avaient pas droit parce qu'elles procédaient de décisions irrégulières en la forme ou au fond, soit de s'être arrangés pour monter des suppléments annexés en cavaliers d'une allocation complémentaire de fonctions qui ne pouvait servir de support légal à ces généreux ajouts.

Les sommes en cause sont loin d'être négligeables et surtout on doit souligner que, pour la plupart, ces désordres se sont poursuivis sans encombre depuis les contrôles précités de 2010 et 2011, qui avaient lancé l'alerte :

- 260 milliers d'euros pour l'indemnité différentielle des administrateurs de finances publiques en 2015 ;
- 560 milliers d'euros toujours en 2015 pour certains comptables d'établissements publics nationaux ;
- de substantiels compléments de rémunérations versés indûment à certains administrateurs des douanes, bénéficiant ainsi de confortables majorations annuelles allant de 18 876 à 60 117 euros également en 2015 (le total payé n'est pas indiqué dans le référé) ;
- 67 milliers d'euros pour d'opportunes primes maintenues sans raison à certains personnels des douanes exerçant outre-mer ;
- suivent deux "rémunérations" tout aussi illicites en faveur de personnels des douanes et des administrateurs des finances publiques déjà cités, mais dont la Cour, curieusement, préfère ne pas évaluer l'incidence financière et dont il y donc tout lieu de craindre qu'elle soit supérieure encore à celles des dérives qu'elle a pris soin de quantifier,
- enfin, le préjudice subi par le Trésor est monté en 2016 à 179 milliers d'euros pour assurer indûment une indemnité différentielle aux conservateurs des hypothèques, dont tout le monde connaît la situation socialement préoccupante !

Ces suppléments et indemnités ne sont d'ailleurs pas sans rappeler ces fameuses primes de départ à la retraite que la Caisse des Dépôts avait cru pouvoir allouer à certains de ses agents que leur statut de fonctionnaires excluait précisément d'un tel avantage.

Il apparaît ainsi clairement que les pratiques de certains corps de la haute fonction publique financière suscitent des griefs légitimes de la part de tous ceux qui ne bénéficient pas de ces petits arrangements et qui s'en tiennent à une rigoureuse honnêteté dans leurs comportements professionnels ou personnels. En tout cas, ces déviations écornent quelque peu l'image d'intégrité et de désintéressement du haut fonctionnaire, que véhiculent des discours officiels sans doute un peu trop indulgents.

Les goulus de la terre

On le sait, grâce au rapport Perruchot et aux quantités de livres et d'études bien documentées, l'argent des syndicats provient surtout, directement et indirectement, de l'argent public. Sur les plus de cinq milliards d'euros de budget des syndicats, plus de quatre milliards proviennent de l'argent des contribuables. D'ailleurs, un seul syndicat, la CFDT, publie ses comptes. Grâce à leur présence dans les entreprises publiques (rappelons le fameux CCAS, le comité d'entreprise d'EDF qui, lui aussi, alimente la CGT), au sein des conseils d'administration des caisses de retraite ou bien dans la formation professionnelle, les syndicats ont à leur disposition des dizaines de milliers de fonctionnaires et autres agents publics qui sont en réalité payés par leur administration ou par leur entreprise alors qu'ils travaillent pour le syndicat en question. Le comble c'est que ce genre de financement opaque ne leur suffit pas car, depuis le 1er janvier 2015, une contribution patronale aux organisations syndicales a été mise en place au taux de 0,016 %. Elle apparaît sur la fiche de paye et se rajoute à la vingtaine d'autres charges patronales !!! Le gouvernement oblige donc les salariés du privé à financer des organisations syndicales qui non seulement ne les représentent pas mais, en plus, défendent les privilèges du secteur public et s'opposent systématiquement à la moindre tentative de réforme ! Les syndicats bénéficient de centaines de locaux fournis gracieusement par les collectivités locales. Et il n'est même plus question de les perdre : grâce à la loi El Khomri, ils seraient même dédommagés au cas où ils seraient obligés de les quitter.

On a oublié que la CGT a été financée par l'URSS grâce à la Banque commerciale pour l'Europe du Nord (B.C.E.N), une banque soviétique dont la principale activité était de soutenir les partis communistes de l'Europe de l'Ouest. Cette banque, qui aurait pu figurer en tête de liste des Panama Papers, déversait des sommes considérables au service de la cause marxiste dans les années qui précédèrent la chute du mur. Au travers de sociétés factices, le PCF en profitait pleinement et pouvait ainsi combler les trous de sa trésorerie aggravés par la chute massive de son électorat. Dans son célèbre ouvrage intitulé *Les Finances du PCF* (Albin Michel, 1977), Jean Montaldo publie les comptes de la CGT en 1969 (c'est d'ailleurs la dernière de publication officielle de ses comptes) qui font apparaître plus de 85 % des fonds déposés à la B.C.E.N. Bien entendu, ces fonds sont l'objet d'un traitement spécial car ils grossissent très rapidement avec l'aide de Moscou. Argent public, argent provenant d'un pays totalitaire, tout est bon pour continuer la « lutte »... et pour s'en mettre plein les poches. Une enquête du *Parisien* (12 novembre 2018) confirme que les syndicats sont non seulement des magouilleurs, mais aussi des nantis. Jean-Claude Mailly a été à la tête de FO de 2004 à 2018. Il y a gagné plus de 100 000 euros par an et a bénéficié de très nombreux avantages : logement gratuit, voiture de fonction, généreuses notes de frais, entre beaucoup d'autres, telle cette prime de départ à la retraite de 23 000 euros. Presque 400 000 euros de note de frais en 2017 pour les cadres de la direction de FO et des salaires à partir de 70 000 euros par an. Tous sont des « anticapitalistes » qui passent leur temps à insulter les « riches » et à dénoncer la société de consommation et la « rapacité des patrons ».

Comme tous les syndicats – qui ne représentent qu'environ 4 % des salariés du privé (et 7 % des salariés en tenant compte du secteur public) – la CGT a vu ses effectifs chuter de manière significative. On ne connaît pas le nombre exact de ses adhérents (un domaine aussi secret que celui de ses finances) mais on estime qu'en 2013, il était inférieur à 500 000 en tenant compte des retraités. Ce qui est intéressant, c'est que les syndicats étrangers qui lui ressemblent d'un point de vue idéologique ont connu des chutes d'effectifs moins importantes. Deux fois moins par exemple à la CGIL (Confédération générale italienne du travail) qui s'est, il est vrai, détachée très rapidement, dès 1990, de l'idéologie communiste et du Parti communiste italien. Aujourd'hui, le taux de syndicalisation en Italie est de 36 % contre 7 % en France. La CGT et le PCF refusent de tirer les enseignements de la chute du communisme dans le monde. Ils ont même fait une déclaration commune qui évoque « un cataclysme géopolitique de la fin du siècle » (*sic*). Aujourd'hui encore, il est préférable, pour accéder aux postes de responsabilité dans l'organisation, d'avoir sa carte du Parti.

Comme le PCF, la CGT a toujours eu une structure pyramidale avec un chef tout puissant à sa tête. Elle a refusé les compromis et pratique le monologue social. Parmi ses faits d'armes en France, rappelons la transformation du port de Marseille en un port déserté par les bateaux à cause des grèves à répétition : en millions de tonnes, Marseille représente deux fois moins qu'Anvers et plus de 4,5 fois moins que Rotterdam. La CGT est encore responsable du retard pris par la France dans le transport des marchandises du fait de son opposition à toute concurrence étrangère, ou encore le renchérissement des charges des entreprises comme Renault ou Aéroports de Paris et bien d'autres du fait des grèves... Les exemples ne manquent pas. La CGT a toujours saboté l'économie française.

Mais quand la France va-t-elle réformer sa fonction publique ? Notre système est le plus privilégié et le seul à ne pas avoir été corrigé après la crise de 2008. Voici quelques données qui devraient inciter les pouvoirs publics à agir :

1. Nous avons 1,2 million de fonctionnaires de plus que la moyenne des pays membres de l'OCDE.
2. Nous avons 93 fonctionnaires pour 1 000 habitants, contre 57 pour 1 000 en Allemagne.
3. L'emploi de nos fonctionnaires français est garanti à vie alors que dans d'autres pays la plupart des employés d'État ont un contrat de droit privé. C'est le cas en Allemagne, en Suède, aux Pays-Bas, en Suisse, au Royaume-Uni, etc.
4. Le coût des fonctionnaires représente 13 % du PIB en France contre 7 % en Allemagne.
5. Le salaire moyen d'un fonctionnaire est, en moyenne, 15 % plus élevé qu'un salaire dans le privé.
6. La retraite des fonctionnaires – 75 % des 6 derniers mois de salaire – représente 75 milliards d'euro par an et un total de 1 300 milliards d'euros non provisionnés.
7. Les fonctionnaires français n'ont pas de caisse de retraite. Leur pension est payée avec les impôts de tous. Pour un euro de retraite, l'État (autant dire les contribuables) en paye neuf !
8. Il existe 327 corps différents dans l'administration française. Même la Cour des comptes affirme avoir du mal à s'y retrouver.

Le programme de Macron avait prévu la suppression de 120 000 postes de fonctionnaires – 50 000 pour l'État, 70 000 pour les autres collectivités publiques – sur toute la durée du mandat présidentiel. Pour se cantonner donc au seul État, 50 000 suppressions de postes sur 5 ans, ce n'est vraiment pas beaucoup : tout juste 2,09 % de l'ensemble des effectifs de la fonction publique d'État (2,393 millions d'agents exactement), soit environ un effort annuel de réduction de 0,42 % qui laisse très peu d'espoir sur une véritable réforme, mais c'est quand même mieux que rien. Or, le tout premier projet de loi de finances initiale de la mandature Macron fait l'effet d'une douche froide, puisque fin décembre 2018, ce ne sont pas 10 000 (50 000/5 = 10 000), mais seulement 1 600 postes, pas plus, qui auront été supprimés au titre de l'année 2018. À ce rythme-là, il faudra un peu plus de 31 ans (50 000/1 600 = 31,25 ans) au président Macron (et à tous ses successeurs) pour parvenir à ses (leurs) fins !

Travailleurs de tous les pays, détruisez tout !

Le parti trotskyste Lutte Ouvrière (LO) a été fondé en 1939 et pourtant il est encore actif en France, en 2018 ! Il n'est pas le seul à avoir infiltré le mouvement des gilets jaunes. Mais il est l'un des plus violents dans ses manifestes et aussi dans la rue. Officiellement, LO revendique seulement 8 000 membres qui sont bien repartis et implantés dans plusieurs administrations et services publics ainsi que chez les étudiants. Pendant le mouvement des gilets, un tract a été distribué dans les boîtes aux lettres de la région parisienne qui en dit long sur ses intentions. Intitulé « Se dresser contre Macron… et contre ses maîtres capitalistes », le tract justifie d'abord les scènes de guérilla urbaine « Après des coups encaissés contre leurs conditions d'existence, la colère des classes populaires déborde »… « C'est violent de ne plus rien avoir dans le frigo à la fin du mois… ». C'est cela qu'il faudrait condamner selon le texte, et non pas la violence dans la rue.

Après la justification des casseurs, suit l'appel au renversement des institutions : « Leur (les politiciens) baratin sur la « réponse des institutions » ne changera rien aux fins de mois impossibles pour les classes populaires ! ». Le représentant de ces institutions est, bien évidemment, Macron dont la « politique est tournée vers les intérêts de la classe capitaliste ». S'en débarrasser fait partie du plan d'action mais cela ne suffit pas ! « Si Macron finit par laisser la place, son successeur fera la même politique », peut-on lire dans le tract. S'il y a révolution, au moins finissons-en ! « En ne visant que Macron et son gouvernement, on dirige la foudre sur le paratonnerre qui est justement là pour protéger les capitalistes ». Ce qu'il faudrait donc faire c'est s'en prendre aux « capitalistes et contrôler les entreprises ». Le nerf de la guerre est là. En s'emparant des entreprises, par la grève et l'occupation, on capte la création des richesses (au moins, LO le reconnaît indirectement) et les sources d'argent. Néanmoins, les fermetures et faillites seraient immédiates, ce que ne semble pas voir ces « révolutionnaires ». Incitation à la destruction, au coup d'Etat insurrectionnel, au vol et à l'élimination d'une « classe sociale », le tract de LO ne fait pas dans la demi-mesure. Et dire que ce parti est tout à fait légal et que ses représentants sont même présents dans les médias !

Du Big-bang au train-train

Selon plusieurs médias, ce devait être un « Big bang », comme la plupart des réformes annoncées par Emmanuel Macron et le gouvernement d'Édouard Philippe. Ils aimaient beaucoup cette image, qu'ils ont tant utilisée à l'avantage de Macron que l'origine de l'univers avait fini par apparaître comme de la rigolade au regard des réformes attendues. Las ! Le « Big bang » n'est, somme toute, qu'un assez décevant « pschitt » dans presque tous les domaines, et même un petit « tut tut » en ce qui concerne la SNCF. La ministre des Transports, Élisabeth Borne, a présenté en Conseil des ministres, le mercredi 14 mars 2018, le projet de loi qui permettra au gouvernement de recourir aux ordonnances pour en « accélérer la réforme ».

Notons d'emblée que cette « accélération » n'est due qu'à la demande de Bruxelles qui a engagé l'ouverture à la concurrence du rail en… 2001 avec « le premier paquet ferroviaire », adopté par le Conseil européen, qui demande également que les entreprises soient gérées « selon des principes qui s'appliquent aux sociétés commerciales ». En 2003, le réseau français est officiellement ouvert au transport international de fret mais, à cause de l'opposition des syndicats et de l'inertie des décideurs politiques, la première mise en circulation n'intervient qu'en 2005.

Avec le « deuxième paquet ferroviaire » européen, en 2006, le transport intérieur de fret est à son tour ouvert à la concurrence. Depuis, une vingtaine d'entreprises ferroviaires ont circulé sur le réseau ; ces entreprises concurrentes de Fret SNCF n'assurent que 20 % du transport ferroviaire de marchandises en France.

Conformément au « troisième paquet ferroviaire » européen proposé en 2004 et adopté en 2007, le transport international de voyageurs s'est ouvert à la concurrence en 2009. Aujourd'hui, en France, seule la compagnie Thello fait concurrence en proposant des trains de nuit entre Paris et Venise.

À partir de 2020, la SNCF devra ouvrir ses lignes TGV, qui représentent 10 % du trafic en France, à la concurrence (*open access*). C'est le « quatrième paquet ferroviaire » européen qui encadre cette ouverture.

Enfin, d'ici 2023, la SNCF devra ouvrir ses lignes sous contrat de service public (TER, Intercités). Un appel d'offres devrait se dérouler à partir de 2019. La France a déjà pris du retard. Si elle avait lancé la réforme de la SNCF plus tôt, peut-être celle-ci aurait-elle pu entrer dans la concurrence avec certains atouts.

Aujourd'hui, son immobilisme et sa situation financière la mettent dans une position très difficile. Et ce ne sont pas les projets annoncés qui suffiront à la rendre compétitive. Le document officiel énumère les points à réformer. Il sera débattu à la mi-avril au Parlement. L'article 1 autorise le gouvernement à « modifier les missions, l'organisation, la gouvernance et la forme juridique du groupe public ferroviaire et des entités qui le composent », mais… « sans remettre en cause leur caractère public ». La SNCF restera donc une entreprise publique alors qu'il aurait fallu la restructurer en profondeur afin de la rendre plus efficace et lui permettre d'attirer des investisseurs. L'État français se réserve même le droit de « déterminer le calendrier d'ouverture de ces services, les modalités de la période de transition ainsi que les conditions dans lesquelles il pourra être dérogé, le cas échéant, aux obligations de mise en concurrence ». Inquiétante précision qui permettrait d'invoquer on ne sait quels prétextes pour ne pas adapter l'entreprise à la concurrence comme ce fut le cas dans le passé, avec Air France par exemple.

Il est vrai, on annonce « l'arrêt des recrutements au statut [de cheminot] des nouveaux agents », ce qui est courageux de la part du gouvernement, mais le texte s'empresse de préciser que « les contrats de travail actuels se poursuivront en cas de transformation juridique de l'entreprise ». C'est un peu comme dans les blagues avec une bonne et une mauvaise nouvelle... De fait, la SNCF emploie plus de 240 000 agents et doit payer avec l'argent des contribuables – 3,2 milliards d'euros par an – la retraite des 270 000 pensionnés. Rappelons qu'un agent de la SNCF peut prendre sa retraite à partir de 50 ou 55 ans contre 62 ans en moyenne dans le privé et qu'il bénéficie d'un certain nombre d'autres privilèges (base de calcul à 75 % sur les 6 derniers mois, bonifications diverses, niveau de pension garanti...). Embaucher hors statut – à condition que cela soit bien fait – est un bon pas dans la bonne direction, mais cela ne résoudra pas le problème de la dette de l'entreprise (46 milliards d'euros) et ne réduira (peut-être) qu'à très long terme les besoins d'argent public de la SNCF qui représentent tous les ans 11 milliards d'euros (en plus des retraites). Le gouvernement ne va pas toucher aux « petites » lignes déficitaires, ni aux voyages gratuits accordés aux cheminots et à leurs familles. Tout un symbole.

Ce prétendu « Big bang » de la SNCF rappelle la prétendue « réforme des régimes spéciaux » de novembre 2007. Beaucoup de bruit pour des mesures qui ont finalement accordé encore plus d'avantages aux agents des services publics.

6.

LES FRANÇAIS N'EN PEUVENT PLUS, DE QUI SE MOQUE-T-ON ?

Nos donneurs de leçons ne cessent de critiquer les démocraties illibérales étrangères. Mais, en regardant attentivement, la France n'en ferait-elle pas partie ? L'adjectif « illibéral » a été utilisé surtout à partir de l'année 2010 comme référence à la Hongrie de Viktor Orban. Pourtant, l'« illibéralisme » a été théorisé bien avant, dès le début des années 1990.

Pour Pierre Rosanvallon, une démocratie « illibérale » est un État « centralisé, bonapartiste ». Jean-François Revel, dans *L'Absolutisme inefficace ou contre le présidentialisme à la française* (1992), avait dressé un réquisitoire implacable contre le système politique de la Ve République. Ce livre mince (moins de 200 pages) mais, ô combien ! concis, riche et complet, dénonçait le paradoxe de l'omnipotence du pouvoir exécutif français devenu avec le temps d'une saisissante inefficacité. Nous vivons dans une « démocrature », tenait à préciser Revel. Il s'agit d'un régime centralisé dans lequel l'Élysée décide à la place de tout le monde, dans tous les domaines. Le journaliste et chercheur américain Fareed Zakaria en a proposé une définition en 1997 : « Une démocratie sans libéralisme constitutionnel qui produit des régimes centralisés, l'érosion de la liberté, des compétitions ethniques, des conflits et la guerre ». Toute ressemblance avec la France n'est peut-être pas fortuite. Mis à part la guerre, la définition donnée par Zakaria lui colle parfaitement.

Nous sommes évidemment dans une démocratie avec un centralisme fort et un État qui saigne les contribuables. Pourtant, plus de 50 % des Français ne paient pas l'impôt sur le revenu et une partie de la population vit sur le dos des autres tout en refusant les réformes. L'Etat phagocyte 57 % des richesses du pays, mais est incapable de protéger ses propres citoyens et d'assurer l'ordre public. Une minorité violente et privilégiée – les syndicats – s'oppose à tout changement et, au nom du « dialogue social », grippe tous les processus décisionnaires. Le président de la République concentre pratiquement tous les pouvoirs, y compris celui de dissoudre l'Assemblée et d'éjecter le Premier ministre, alors que lui reste intouchable au sommet de l'État. Notre système à double exécutif a été copié par d'autres démocraties « illibérales » comme la Roumanie. La société civile est étouffée par les organisations dites « représentatives » qui ne représentent que de petites minorités. Un ministère, Bercy, décide de la politique fiscale du pays et soumet les contribuables à un contrôle dictatorial. Au nom de la « lutte contre la fraude fiscale », il est même question de surveiller les profils des individus sur les réseaux sociaux comme le faisait la Stasi sur les lignes téléphoniques ou dans les domiciles. Des hauts fonctionnaires issus de l'ENA sont présents dans toutes les sphères du pouvoir, en particulier dans les cabinets ministériels où ils peuvent influencer les choix des ministres.

Un organisme de contrôle comme la Cour des comptes est constamment ignoré par les administrations et les décideurs politiques, malgré ses rapports extrêmement sévères. De même, c'est en France que des fonctionnaires de l'Assemblée nationale bénéficient de rémunérations impressionnantes et d'énormes privilèges tout en refusant de communiquer au rapporteur spécial les vraies grilles salariales et le budget de plusieurs associations liées à l'Assemblée. C'est bien en France qu'a été votée une loi contre les infox qui confère aux médias « traditionnels » le monopole de la vérité, bien que les journalistes bénéficient de nombreux avantages fiscaux, ce qui n'est pas le cas dans d'autres pays.

Que dire aussi de notre passion pour les « boucs émissaires », de l'Europe « ultralibérale » à la mondialisation, en passant par l'Amérique et les multinationales? Et de ce fameux « prurit antilibéral » comme l'appelait Raymond Boudon, cette maladie dont on n'arrive pas à guérir? Les récentes violences et l'incapacité du pouvoir politique à y répondre ont bien prouvé que la France pourrait très bien être considérée aujourd'hui comme membre du club des démocraties « illibérales ».

Si, en avril 2017, on avait pu anticiper les affaires Ferrand, Benalla, Nyssen, Schiappa... Également les mesures sur les 80 km/h, la hausse du prix de l'essence, les APL, la CSG, la taxe d'habitation, la hausse de la taxe foncière (qui a augmenté 8 fois plus vite que les loyers et 5 fois plus vite que l'inflation!), l'abandon de NDDL, les « gens qui ne sont rien », les « gaulois réfractaires ». Trop de « si » pour un président qui était censé tout changer... En bien. Pourtant, il y avait déjà des signes. Les Français sont : « illettrés et pauvres », « des salariés privilégiés » (2014) et, pour finir, « alcooliques, fainéants, cyniques, en échec scolaire, des gens qui ne sont rien ».

Est-ce que nos politiciens savent faire autre chose que dépenser, taxer et nous donner des leçons? Pourquoi ne sortent-ils pas plus ? Ils pourraient beaucoup apprendre. Le chauffeur de taxi est très souvent un bon thermomètre de la situation économique et politique.

Et c'est effarant ce que votre traiteur peut vous raconter. Sur les mises aux normes et les réglementations par exemple, sur les embûches et l'administration toujours à l'affût pour essayer de l'enfoncer. C'est absolument ahurissant. Au-delà de l'absurdité de beaucoup de ces réglementations, sachez qu'une fois la mise aux normes faite, il faut payer pour que l'on vienne constater que tout est bien fait ! C'est un peu comme si on payait les impôts pour qu'ils donnent leur bénédiction à nos déclarations, non ? On dirait la Gestapo ! Un chasseur pourrait vous raconter une autre absurdité : chaque bête abattue (s'il s'agit de gros gibier) doit être déclarée et ceux qui l'ont éliminée doivent s'acquitter d'une somme importante. Or, il est question de les obliger à abattre un certain nombre de sangliers, qui prolifèrent et saccagent tout – sinon ce sera un service officiel qui s'en chargera. Où va-t-on ?

La « Lettre aux Français » et le « grand débat national » ou la recette française de l'inaction

S'il y a un domaine dans lequel la France peut être très fière, c'est bien la gastronomie. Ses cuisiniers et ses recettes sont connus dans le monde entier. Partout on n'entend que des mots élogieux à propos du raffinement de la cuisine française. Malheureusement, notre pays est aussi expert en d'autres recettes qui n'ont rien à voir avec la gastronomie, comme celle de l'inaction. Nos hommes politiques sont des maîtres dans ce domaine. Quels ingrédients utilisent-ils ? D'abord, une pincée de « dialogue social » qui, en réalité, est un monologue de syndicats qui ne représentent plus personne, mais qui refusent tout changement pour préserver leurs privilèges. Ensuite, faire monter la pâte, en créant un organisme public ou parapublic. Le meilleur moyen d'assurer l'immobilisme. Cet organisme comprendra, bien entendu, des fonctionnaires et des hauts fonctionnaires qui n'ont aucun intérêt à ce que les choses changent. Enfin, ajouter un petit plus pour nos papilles : lancer une « consultation citoyenne » précédée par une bien mielleuse « lettre aux Français » (avant Macron, d'autres présidents s'y sont essayés). Pour être sûr que ce soit parfait et que surtout rien ne bouge, on fait semblant de demander l'avis du peuple. Le résultat est prévisible : rien de comestible ne sortira de cette recette bien française.

Le « dialogue social » est un prétexte pour faire mariner le tout. On le sait très bien, les syndicats s'y opposeront par principe. Il faudra bien faire des concessions, revoir complètement les propositions de réforme.

Quant au « machin administratif », il s'agit d'un leurre et d'un aveu d'impuissance. En France, on modèle un « machin administratif » non pas pour résoudre un problème mais pour noyer le poisson. Je mets au défi les lecteurs de trouver un « machin » public ou parapublic qui ait donné des résultats autres que l'écœurement ou l'indigestion ! Chaque année, la Cour des comptes, l'Assemblée nationale et le Sénat dénoncent l'argent public englouti par ces comités Théodule à l'utilité plus que douteuse. L'État en a pondu de (très) grands comme ceux qui sont consacrés à l'emploi, aux banlieues et à la jeunesse ; et aussi des petits, avec des budgets de quelques milliers d'euros, mais dont le nombre est tellement important qu'on n'arrive même plus à en connaître l'utilité et le nom. Parmi les grands, citons le fameux CESE (Comité économique, social et environnemental), celui qui porte ce nom depuis maintenant dix ans. Pour justifier de son appellation, il produit des rapports à la chaîne qui finissent, comme tout le monde le sait… à la poubelle. Pourtant, l'IREF a calculé qu'ils coûtent en moyenne 1,5 million d'euros pièce. Parmi les petits, l'État peut se vanter d'avoir sorti de son fourneau un Observatoire des termites ou une Instance nationale des Obtentions végétales, entre des centaines d'autres. Officiellement, presque quatre cents organismes de ce genre sont en activité (façon de parler, car leur utilité est un secret bien gardé). On peut même se demander si, au-delà de l'argent public dépensé, ces organismes ne créent pas l'effet inverse de celui qui était souhaité. Prenons par exemple la Conférence nationale des finances publiques créée en 2006 et devenue ensuite le Conseil d'Orientation des finances publiques puis le Haut Conseil des finances publiques. Pour quels bénéfices ? Depuis, les finances de la France ont continué sans cesse de se dégrader, la dette publique battant tous les records.

Concernant la « consultation citoyenne », on a vu ce le rapport qualité-prix. Le fameux Haut Commissariat aux retraites – dont les membres sont pratiquement tous énarques, hauts fonctionnaires et ne sont donc absolument pas concernés par les retraites du privé – en a lancé une. Les milliers de réponses obtenues sont, de l'aveu même du Haut Commissariat, inutilisables tant les préoccupations et les demandes des Français sont différentes. Par ailleurs, à quoi bon avoir accouché de ce Haut Commissariat et cuisiné cette consultation alors que l'on sait, depuis le Livre Blanc de 1991, qu'une réforme systémique de la retraite est nécessaire ? Les Suédois n'ont pas créé de machin et n'ont pas organisé de consultation quand ils ont accompli leur grande réforme des retraites au début des années 1990.

Il est donc à craindre que cette Commission nationale du débat public (CNDP) et le « grand débat » lancé par la Lettre aux Français d'Emmanuel Macron ne débouche que sur une sorte de cacophonie générale, une forme de populisme, une foire aux gadgets demandés à l'État Neuneu. Alors que l'on sait très bien – grâce à de milliers de rapports, d'études, de livres et d'articles – ce qu'il faut faire et ce qu'on fait les autres pays pour réformer leur économie. Les politiques ont été élus pour agir, pas pour écouter les doléances des uns et des autres. On en vient même à se demander à quoi peuvent bien encore servir l'Assemblée nationale et le Sénat ?

Faites comme nous et le monde ira mieux !

Malgré le « Grand débat » et les nombreux autres « échanges », Macron et le gouvernement continuent à faire comme si de rien n'était. Le monde bouge mais la France préfère le statu quo. Quand elle ne rame pas à contre-courant. Quelques exemples ?

Prenons celui du HYPERLINK « https://fr.irefeurope.org/Publications/Articles/article/Glyphosate-un-coupable-ideal-pour-la-malhonnetete-journalistique-d-Elise-Lucet » glyphosate, dont l'IREF a souvent parlé. Le Sri Lanka restait, avec la France, l'un des derniers pays à l'interdire, mais il y a renoncé faute de preuve scientifique concernant sa nocivité. En ce qui concerne le gaz et le pétrole de schiste, non seulement la France en condamne l'exploitation, mais elle barre même la recherche !

Comme si cela ne suffisait pas, entre les réunions « au coin du feu » avec les maires et qui durent des heures, on invente de nouvelles taxes. Faute de réformes… Bruno Le Maire, qui veut « refonder le capitalisme », vient de proposer une HYPERLINK « https://www.lopinion.fr/edition/economie/taxation-gafa-solution-vraiment-inadequate-chronique-jean-philippe-175700?utm_source=facebook&fbclid=IwAR1yWM1xvMhK5nRx9eC2paWRzYb7xvEPiM73wXb2CubRWEkFbOiH_-FAOGM » taxe sur les géants du numérique. Face au « besoin de justice très fort », il veut, excusez du peu, instaurer un impôt mondial sur les sociétés. Les taxes font partie de l'ADN français. On devrait d'ailleurs rendre obligatoire une nouvelle discipline : la taxacologie, c'est-à-dire l'étude de la taxacomanie dépendante que certains malades pervers, bien qu'ils paraissent sains, voudraient inoculer au monde entier. L'infection est pour le moment localisée mais il est urgent pour les autres pays d'établir un cordon sanitaire et de mettre un vaccin au point.

Pour ne pas être en reste, les socialistes, par la voix de Benoït Hamon, demandent un « impôt sur la fortune européen ». Quelle audace dans la volonté de réformer ! Et quelle concurrence entre les partis politiques pour l'adoption de taxes et d'impôts inédits !

Enfin, le ministre Gabriel Attal souhaite (itw dans Les Echos du 24 janvier) promulguer une « philanthropie à la française ». : C'est du plus haut comique quand on connaît le retard de la France en matière de dons privés : environ 2.2 Mds d'euros contre 260 Mds de dollars (243 Mds d'euros) aux Etats-Unis. Ce qu'il faudrait c'est justement en finir avec la philanthropie à la française et HYPERLINK « https://fr.irefeurope.org/Publications/Etudes-et-Monographies/Faciliter-la-creation-des-fondations-pour-dynamiser-la-societe-civile » libérer le secteur de l'emprise de l'Etat. Il faudrait par exemple faciliter la création de fondations par une simple vérification de critères simples, la meilleure solution étant sans doute de permettre aux fonds de dotation de s'appeler « fondations d'intérêt général » et de recevoir les dons déductibles. Avec un peu plus de 2000 fondations en France contre environ 90000 aux Etats-Unis, c'est une philanthropie à l'américaine qu'il faudrait !

Comme souvent, la France s'affole et tente le grand écart : d'un côté les frou-frous, les « échanges », le « grand débat », les plateaux télé et ce que le Figaro Magazine appelle la « rhétorique du vide » (25 janvier) ; de l'autre, les taxes et les mesures « à la française ». On serait presque tenté d'oser « la répression ». Bien d'autres pays ont résolu le problème sans drame : par des réformes bien menées, à point nommé. Aux dernières nouvelles, ils ne s'en portent pas si mal.

Le Français en a ras le bol qu'on se moque de lui et que l'État lui dicte ce qu'il faut faire, quand le faire, comment le faire (il est maintenant question de rendre le congé de paternité obligatoire! À quand l'uniformisation de la couleur du papier toilette ?). Ce n'est peut-être pas étonnant si, parmi les 50 personnalités préférées des Français figurent seulement trois ou quatre personnalités politiques…

On l'a vu. Restent solidement ancrées l'idéologie, la démagogie et l'inconséquence, cet inséparable trio. Et cette mentalité française de l'égalité par le bas. Et, de fait, l'inconscience, entraînée depuis des siècles par l'entre-soi du pouvoir, les réseaux de copinage, etc. Et le cynisme, la hâte, l'avidité, l'âpreté, l'envie féroce d'imprimer sa marque – toutes choses qui ajoutent de l'incompétence à l'incompétence. Il faudrait interdire ces lois et ces taxes qui portent le nom de leur propre promoteur ou tout autre patronyme, ils seraient peut-être moins ardents à proposer n'importe quoi, rien que pour cette raison. Lois, taxes qui se multiplient au gré des humeurs et des modes, et dont beaucoup suscitent méfiance et contestation, justement parce qu'elles viennent s'empiler sur un tas assez peu stable à l'origine. Comme ces acrobates qui s'empilent les uns sur les autres en pyramide jusqu'à ce qu'il n'en reste plus qu'un à une hauteur fantastique – à la différence que les acrobates, eux, assurent d'abord leur base et y consacrent probablement l'essentiel de leurs efforts.

Nos politiciens exploitent les plus mauvais instincts. D'une manière qui apparaît tout à fait cynique – est-ce inhérent à leur nature ? – ils s'en nourrissent. Et nous font croire que ça nous fait du bien – on en revient à Tocqueville... Un coup de maquillage social, un coup d'éponge compassionnel, un coup de savonnette écolo, un coup de shampoing avec plein de paillettes fiscales, on remue le tout dans le mixeur, et l'État providence présente sa peinture cache-misères, à même d'éblouir les alouettes.

Non, la complication n'est pas la norme. Oui, il existe tant de pays où l'administration est efficace, aimable et pas piégeuse. Oui, les politiques sont souvent ambitieux, arrivistes, mais pas forcément tous. Oui, il demeure des pays où les syndicalistes sont responsables. Non, le matraquage fiscal n'est pas une fatalité, même pour bien, voire très bien, se porter. Oui, des pays où l'argent bien gagné est admiré, envié pour de bonnes raisons, c'est possible. Oui, il y a des pays où la presse n'est pas subventionnée et où les journalistes ne font pas passer l'idéologie avant l'information.

De grâce, ne nous donnez plus de leçons ! Ne nous faites plus la morale ! Laissez-nous tranquilles ! Une bonne fois pour toutes : arrêtez ! Ne nous dites pas ce qu'il faut manger, et ne légiférez pas sur la fessée ! Vraiment, d'autres choses sont tellement plus importantes à régler. Et les Français savent mieux que vous ce qui est bon pour eux ! C'est ce qu'auraient dû demander les gilets jaunes (les vrais). « Foutez-nous la paix ! », « Laissez-nous tranquilles ! » « Laissez-nous faire ! »

Achevé d'imprimer par CPI
en février 2019
N° d'impression : 150663

Dépôt légal février 2019

Imprimé en France

TABLE DES MATIÈRES